中國傳統

佛菩薩畫像大典

貳 菩薩卷一

編繪 釋心德

文物出版社

序　言

何謂菩薩及菩薩的由來

我們通常都可以聽到"菩薩"的稱號，乃至也可以將"菩薩"的稱呼作爲恭維他人的美譽。所以，菩薩一詞對於一般人的印象，既是崇高偉大的，也是平易近人的；既是神聖莫測的，也是簡單普通的。其實，能够真正了解菩薩的層次及其境界的人，并不太多，尤其是從未聽過佛法的人，認爲凡是泥塑的、木雕的、石刻或彩畫的，乃至一切鬼神像，都可以稱作菩薩，這都屬於莫知所以的觀念了。

菩薩，是印度梵文"bodhi-sattval"的音譯，全譯是"菩提薩埵"，意譯是"覺有情"，覺是覺悟、覺了、覺知、覺見的意思；"有情"是衆生，衆生是衆緣和合而生的意思，也是衆多生命的意思。將"覺有情"三個字的兩個單詞組合起來，含有兩重的四層意思：一重是發心上求無上覺（佛）道的有情衆生，并也發心啓化一切有情衆生皆得無上覺（佛）道；一重是自己已經覺悟見了覺（佛）的本性，同時也要使得一切有情衆生都能悟見各自本具的覺（佛）性。合起來説，即是上求佛道的自覺，下化衆生的覺他，這就是"菩薩"的意思。

菩薩，就是用上求佛道下化衆生的菩薩行或菩薩道，不斷地洗刷自己從無始劫以來就玷污了的無明煩惱；也不斷地幫助他人洗刷無始劫以來的無明煩惱，增長智慧以自照照人，增長福德以自利利他，這就是智慧與福德雙修的菩薩之道。

菩薩，是由於實踐了成佛之道而得名；成佛，是由於實踐了菩薩之行而得果；菩薩道是成佛的正因，成佛是菩薩道的結果；要成佛，必先行菩薩道，行了菩薩道必定會成佛。據《華嚴經》所載，菩薩共分五十二階位，實際上，能够稱爲賢與聖的，只有四十二個階位，又因最後一個階位是佛位，所以聖賢階位的菩薩只有四十一個，加上十個階位的凡夫（假名）菩薩，便是五十一個階位。

一、十信位：又叫十信心，即信心、念心、精進心、慧心、定心、不退心、迴嚮心、護法心、戒心、願心。在這十個階位的漸次進昇之中，調伏三界的見、思二惑。見惑是一切妄見，如我見與邊見等；思惑是一切的煩惱，如貪、嗔、痴的迷情等。在此十信位中，雖不能把見、思二惑斷除干净，但也要把它調理治伏，不使繼續爲患。否則的話，永不能入賢位，永受三界的煩惱困縛，永遠沉淪於三界的生死漩渦中。

二、十住位：又叫十住心，即發心住、治地心住、修行心住、生貴心住、方便具足心住、正心住、不退心住、童真心住、法王子心住、灌頂心住。此十住位中，初住斷除三界的見惑，第七住斷除三界内的思惑，到此不再爲那貪嗔痴的煩惱所迷惑，所以不再增加生死的業力，而證入位不退的境域。八住以上，斷除三界的塵沙，調伏三界外的塵沙。所謂塵沙，乃天台宗所立“見思”“塵沙”“無明”的三惑之一。見思惑障礙我人的涅槃之道而致沉淪生死；塵沙，則障礙我人度衆生的菩提之道而致不能成佛。此所謂塵沙，相似於唯識宗所稱的所知障。由於所知有障，而不能通達多如塵沙之數的度生法門，所以稱爲塵沙。

於此十位中，是以“從假入空”的觀想法，得見真諦之理而開慧眼，成一切智。了知一切諸法，皆是寂滅一相的空智，稱爲一切智。寂滅空如，便是萬法的實相，所以稱爲真諦之理。

三、十行位：又叫十心行，即歡喜心行、饒益心行、無嗔恨心行、無盡心行、離痴亂心行、善現心行、無著心行、尊重心行、善法心行、真實心行。在此十行位中，漸斷界外塵沙，以“從空入假”觀想法，見俗諦之理，而開法眼，成道種智。道種智又稱爲道種慧，道亦可以解作法門，法門無量，道也有無量，通達無量之道的智慧，稱爲道種智。以真諦而言，諸法的實相是空如寂滅的，但要體會諸法實相，必須要假俗入真；因爲衆生的存在，是存在於虛妄幻有的假相或俗諦之中，如要自救出離，救度衆生，那又要從實相真理上回轉到幻妄的俗諦中來，利用那通達了無量法門的智慧，來自救救人，便是“從空入假”，便是見“俗諦之理”。前所謂“慧眼”，是指見到“真諦之理”，是諸法實相的智慧；此所謂“法眼”，是指得到“俗諦之理”，是通達救度法門的智慧。

四、十迴嚮位：又叫十迴嚮心，即救護一切衆生離衆生相迴嚮心、不壞迴嚮心、等一切佛迴嚮心、至一切處迴嚮心、無盡功德藏迴嚮心、隨順平等善根迴嚮心、隨順等觀一切衆生迴嚮心、如相迴嚮心、無縛解脫迴嚮心、法界無量迴嚮心。此十迴嚮心的十個階位之中，調伏無明，修習中觀。見思惑障礙涅槃之道，塵沙惑障礙菩提之道，無明惑障礙中觀之道。不真不俗，即真即假；見真諦的寂滅實相，但不呆滯於寂滅的一念上；見俗諦虛幻，所以隨順化導而不與俗情同流合污，這就是中觀的道理。無明是一種微細的煩惱，斷去一分無明，即可證得一分中觀的道理。十迴嚮位，只是調伏無明，初地以上，才能漸斷無明，無明分分斷除，聖位也地地高昇，直至等覺菩薩，斷盡最後一分無明，便入佛地成等正覺。所以十迴嚮位，尚未證得中道觀，謹因調伏無明而修中道觀。不過自第八住至十迴嚮圓滿，已是脩行道上的三不退位的第二不退了，此稱爲行不退。也就是說，所證的解脫之道，已與第一義諦的中道合一相應而行了。

五、十地：所謂十地，地是能生能載的意思，能生無量功德的無量法門，能載無量衆生至究竟佛地。地地能生，地地能載，一地比一地廣大，一地比一地高深，直至究竟佛，便是等虛空，遍法界，廣大而無邊際，高深而無極限了。十地是：喜地、離垢地、發光地、焰慧地、難勝地、現前地、遠行地、不動地、善慧地、發雲地。從初住至十迴嚮，一共三十個階位，乃是菩薩的賢者位，通常簡稱爲三賢位。十迴嚮的最後一念，首先破一分無明，便入初地。十迴嚮位脩習中道觀，以中道觀破一分無明，便顯一分三德，而證入第三不退，稱爲念不退，開佛眼，成一切種智，初地以上，便是聖位菩薩了。

菩薩到了初地以上，便能自由化現，雖是菩薩，而能分身百界，以佛的姿態出現，教化有緣的衆生。但要究竟成佛，尚須地地破除無明，地地分證中道，地地增顯三德，地地開一分佛眼。到了第十法雲地，再破一分無明，便進入一生補處的等覺階位；所謂等覺，乃是相等於佛而又略微不同於佛的意思。到了等覺位的菩薩，除了佛陀，無人能够測知等覺與佛的不同之處。所謂一生補處的生字，是指尚有一分變易生死未了的意思。凡夫與賢位的菩薩，有出胎入腹而又老病死亡的生死，稱爲分段生死；已了分段生死的聖位菩薩，自初地（《瓔珞經》謂八地）以上脫離三界的分段生死，他們每破一分無明，每更上一層，也是稱爲生死，那是叫作變易生死；謹餘一分無明，謹須更上一階的等覺菩薩，便稱爲一生補處。也可以解作：尚有一次八相成道中由兜率天下來人間、投胎、住胎、出世、出家、成道、説法、涅槃之後，不再受生的意思。

以上是對菩薩產生與階位的大體介紹。因爲本書不是理論性書籍，而是繪畫方面的藝術書籍，爲使社會大衆了解除了文殊、普賢、觀音、地藏等大菩薩外，還有聽經菩薩、赴會菩薩、香音菩薩以及諸天菩薩等的來歷與形式，所以作了以上解説。不足之處，尚祈方家校正。

目 录

圖版

一、文殊菩薩

文殊師利菩薩：梵名"Manjusri"音譯爲文殊師利、曼殊室利等簡稱"文殊"，又名文殊師利法王子，或文殊師利童真、文殊師利童子菩薩、儒童菩薩。在密教中則有般若金剛、吉祥金剛、辯法金剛等密號。與普賢菩薩同爲釋迦牟尼佛之左右脅侍，世稱"華嚴三聖"。在其他經典中，又有妙德、妙首、妙吉祥等名號。

在《放鉢經》中，佛陀曾在法會中對大衆説："今我得佛，有三十二相八十種好，威神尊貴，度脱十方一切衆生，皆文殊師利之恩。本是我師，前過去無數諸佛皆是文殊師利弟子，當來者亦是其威神恩力所致。譬如世間小兒有父母，文殊爲佛道中父母。"

所以在《大乘本生心地觀經》卷八説："文殊菩薩是'三世覺母妙吉祥'。"由於文殊菩薩能與諸法實相通達無礙，而且具足各種説法善巧、教學方便，能使人直接趣入智慧大海，所以號稱"大智文殊師利菩薩"，成爲最具代表性的智慧本尊。

《法華經・序品》中説："往昔日月燈明佛未出家時，有八子聞父出家成道皆隨之出家。當時有一菩薩名溪妙光，佛因之説《法華經》。佛入滅後，八子皆以妙光爲師，妙光教化之，使次第成佛，其最後之佛名燃燈，其妙光即文殊也。"若是，則文殊居八代之首。燃燈爲釋迦之師，故文殊乃釋迦如來九代之祖也。

《文殊師利般涅槃經》中説："此文殊師利有大慈悲，生於此國多羅聚落梵婆羅門家。其生之時，家内宅化如蓮花。從母右肋出，身呈金色，墮地能語如天童子，有七寶蓋隨覆其上。詣諸仙人求出家法，諸婆羅門、九十五種諸論議師無能酬對，唯於我所出家學道，住首楞嚴三昧。以三昧力故，於十方面，或現初生、出家、滅度入般涅槃，現分舍利饒益衆生。"

文殊菩薩形象一般爲仗劍騎獅子之像，代表着文殊菩薩法門的鋭利，以右手執金剛寶劍斷一切衆生的煩惱，以無畏的獅子吼震醒沉迷的衆生。此爲顯、密共同文殊菩薩的基本形象。

1. 僧形文殊：在禪宗中有一個著名的"文殊過夏"公案，文殊菩薩即時現僧形。依《文殊師利現寶藏經》卷下中所説，文殊師利在結夏安居時，不在佛邊，不在僧衆中，亦不見在請會、説戒中，而於舍衛城王宮婇女中，及諸淫女、小兒之中安居三月，爲此，大迦葉遂欲逐出文殊師利。《圜悟録》十七云："世尊於一處安居，至自恣日，文殊在會。迦葉問文殊，'何處安居？'文殊云，'今夏三處安居'。迦葉於是集衆白槌，欲擯文殊。即見無量世界，一一世界中有一一佛一一文殊一一迦葉，白槌欲擯文殊。世尊謂迦葉：'汝今欲擯哪個文殊？'迦葉茫然。"此雖顯示大乘菩薩僧之文殊，於一切處能善巧修行，非聲聞僧之迦葉者所能了知，但亦顯現大慈悲文殊菩薩，相應於此間的時空因緣，現出家相教化衆生。

《大智度論》卷三十四曰："釋迦法中無别菩薩僧，是故文殊、彌勒等入聲聞衆，次第而坐。"因此，我國諸多寺中或是僧堂、戒壇、甚至食堂，安置文殊之像皆現僧形。

2. 五髻文殊：在密教中文殊菩薩形象的種類，分爲一字、五字、六字、八字文殊，其中以五字文殊，即五髻文殊爲最主要。

五字文殊菩薩：梵名，音譯作“曼殊伽沙”。此即是以“阿”“羅”“波”“者”“那”五字為真言之文殊師利菩薩。位列胎藏界文殊院月光菩薩之右方。又稱“妙音菩薩”，密號“吉祥金剛”，三昧耶形是青蓮花上有金剛杵。

形象通常是身呈金色，現童子相，頂戴五髻冠，肘上係袈裟一角，向外垂，右手仰掌，持梵篋，左手豎掌，屈大、頭、中三指，執青蓮花，上有五股杵。

胎藏界曼荼羅中又另設文殊院，以此菩薩為中尊。密號“吉祥金剛”或“般若金剛”，三昧耶形是青蓮上三股杵或梵篋。形象是身紫金色童子形，頂冠五髻，用表王智，右手仰掌，指端向右，左手豎掌，屈頭、中、無名三指，執青蓮花，上有三股杵。梵篋即《般若經》，表智波羅密，青蓮花表不染着諸法三昧。

3．一髻文殊：是指結一髮髻之文殊菩薩，在《大方廣菩薩經》中及《文殊師利根本一字陀羅尼經》舉出文殊菩薩真言：“唵齒嚧”，故又稱一字文殊。其三昧耶形為青蓮花上載如意寶珠者。尊像作童子形，身呈金色，半跏趺坐於千葉白蓮花上，左手執青蓮花，花上有一如意寶珠。右手向外、五指垂下，結滿願印，熙怡微笑。以其髮髻為一髻，故又稱“一髻文殊”。

據《文殊師利根本一字陀羅尼經》記載，此咒能滅除一切惡邪魍魎，為一切諸佛吉祥之法，也是能成就一切之神咒。誦此咒能令生起大慈心、大悲心，一切障礙皆得消滅，所有諸願皆得滿足。

除此之外，如婦人難產，或諸男子為箭所中，各種疾病痛苦，如果能在服藥前，先持誦咒加持，療效必定更好。又次一字文殊陀羅尼咒，能令眾生現世獲得安穩，諸如來大菩薩眾常為眷屬，一切所願悉得成就。

4．八髻文殊：文殊師利菩薩在《大聖妙吉祥菩薩秘密八字陀羅尼修行曼陀羅次第儀軌法》舉出八字真言：“唵阿味囉斜佉左洛”。以此八字為真言，故稱八字文殊。《覺禪鈔》卷十六說：“誦持此真言，能得智慧、多聞、長壽。”

因為此文殊菩薩頂上有八髻，故又稱“八髻文殊菩薩”。常用於消災或祛除惡夢。其形象放金色光明，乘獅子王座，右手持智慧劍，左手執青蓮花，於蓮花臺上安立智杵。又此尊之曼荼羅有三重建立及五重建立，稱為“八字文殊曼荼羅”。

5．六字文殊：六字文殊乃是指以“唵縛鷄淡納莫”六字為真言之文殊菩薩。此菩薩住於滅罪調伏之三昧，其真言有六字，故稱“六字文殊”。

依《陀羅尼集經》卷六所載，六字文殊之形象為金色童子形，首戴天冠，跏趺坐蓮花，左手仰掌當胸，右手結說法印，觀音與普賢二大菩薩隨侍兩側。三昧耶形為梵篋，印契為大三股印。為了往生極樂世界，或祈求長壽，以此菩薩為本尊所修之法，稱為“六字文殊法”，亦稱“文殊六字法”。

其形象總約而言，文殊菩薩代表一切如來之智慧，而無相智德不染着法，所以胎藏界的文殊，左手持有青蓮花為表征。又因其能斷煩惱之故，所以金剛界的文殊，右手持利劍以表之。文殊菩薩乘獅子者，爲金剛界之文殊；坐白蓮者，是胎藏界文殊。擴而言之，胎藏界之文殊，其尊形以左手持青蓮花爲三昧耶形，且坐於白蓮臺；金剛界之文殊，則以金剛劍爲三昧耶形，騎乘獅子或孔雀也。

獅子座者表智慧，在《大集經文殊乘獅子入破業障三昧疏》中説："獅子者，即是勇健菩提心，從初發意以來，得精進大勢，無有怯弱。猶如獅子隨所執縛必獲無遺，即是自在度人無空過義也。"

6.童子身文殊菩薩：在佛典中，童子是指青少年，代表堅貞、光明，在經典中常稱呼菩薩爲童子，代表菩薩所顯現的質直與真誠。

在大乘法的發展當中，童真般的菩薩，占有極重要的地位。許多偉大的菩薩以童男、童女的形象出現，化導於世。大乘佛法中，緊扣着菩薩道的實踐，表現出精進不已的生命觀，以大悲大智指導勸學一切世間善巧應世。菩薩以童真來表現永遠精進的生命，以童真來弃絶一切世間的染着，以童真來表達真實誠懇的心靈。

此外，童子也代表了無限的可能——思想純真、精神飽滿、隨時修正自己。如《華嚴經》中，善財童子五十三參，就有三位童子與兩位童女，接受了善財的參訪。菩薩十地的第八不動地稱爲童真地。童真地的菩薩弃一切有爲入於無功用行，象征了童子的真心無造作，代表着修學佛法的最重要的階段。

7.藏密的文殊菩薩：文殊菩薩在西藏的造型，其坐姿多結跏趺坐，也有半跏坐於蓮花上，或直接以獅子爲坐騎，比喻智慧如獅子般勇猛。有白、黑、橘紅、獅子文殊等不同法軌傳承。在藏傳佛教中修學文殊法，其"種子字"非常重要。文殊菩薩其種子字爲真言"嗡"，表示歸命依止；"阿"表示空性無生；"喇"代表清净無染離塵垢之義；"巴"乃是第一義諦諸法平等；"札"無爲而有諸法、諸行；"那"爲無有諸法法相，言語文字皆不可得；"帝"主尊文殊的種子字，表悉地。

此外，文殊菩薩的真言還有以下的意義：

"嗡"：表三門清净心，皈依作供獻、獲三輪加持、福智功德齊備。

"阿"：表本然寂滅無生意，象征毗盧遮那佛，入根本清净、無生滅法門。

"喇"：表無相遠離破壞束縛，象征阿閦如來入於圓滿實相，爲降魔不動門。

"巴"：表無有染着，象征寶生如來，入於法界真如，爲降伏貪心平等門。

"札"：爲本净妙行義，象征觀自在如來，入於妙觀理趣，遠離嗔恚的净土門。

"那"：表示本空自性，象征不空成就佛，成就金剛菩提，斷除愚痴入於解脱門。

"帝"：乃一切諸法集積不可得之意。

誦持文殊法，可增長一切福德、智慧、堅固記憶，令行者得聰明才辯，演説一切妙法，了知諸法真實義，消除愚痴、暗啞及語業各種障礙。

在藏傳佛教中，常於發心研經學法、思量、造論、辯經前先修持《五字文殊菩薩修持儀軌》以祈求文殊菩薩之加持，開顯學人的智慧，并使學人具足無礙的大辯才。

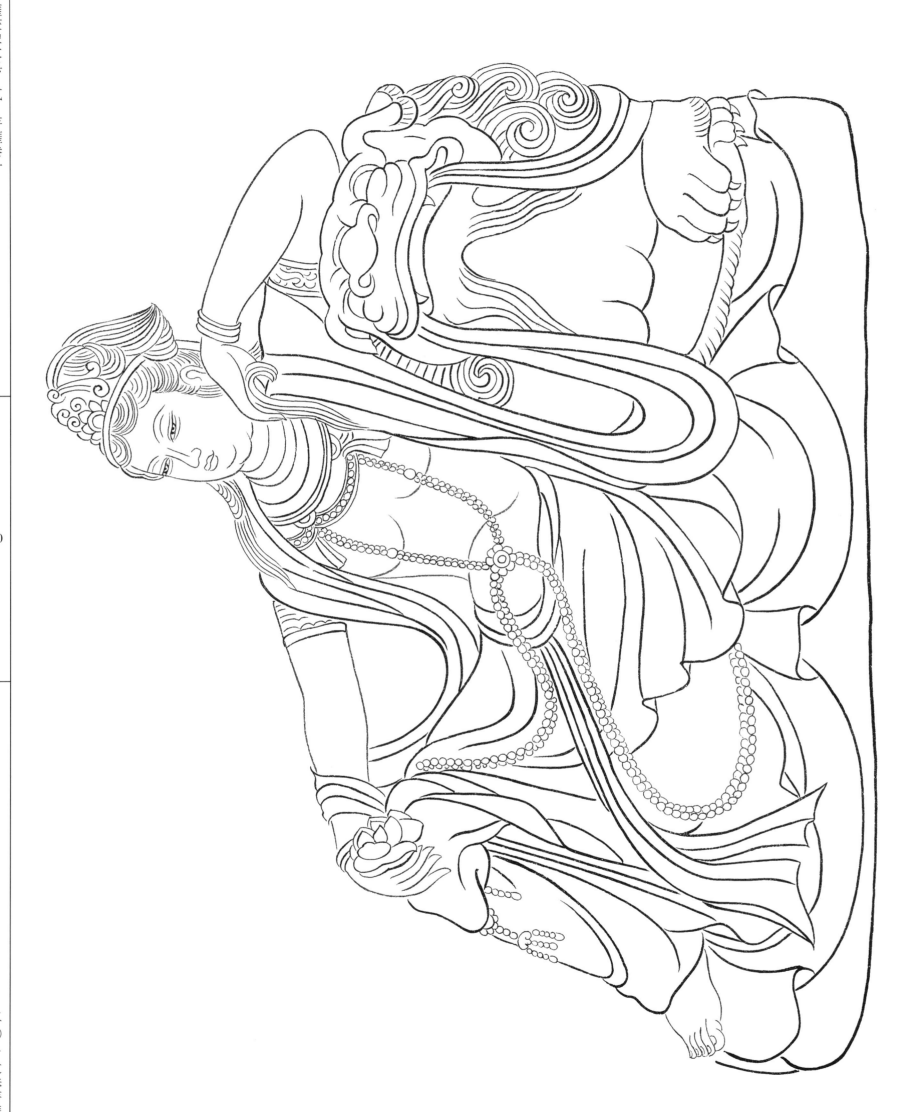

三、普賢菩薩

　　普賢菩薩：梵名"samantabhadra"，音譯爲"三曼多跋陀羅"，又作"三滿多跋捺羅"等，意譯作"遍吉"，意爲具足無量行願，普示現於一切佛刹的菩薩，爲了彰顯其特德，常尊稱其爲"大行普賢菩薩"。

　　其名號的意義，在《大日經疏》卷一中記載，普賢菩薩，"普"是遍一切處義，"賢"是妙善義。普賢菩薩依菩提心所起願行，及身、口、意悉皆平等，遍一切處，純一妙善，具備衆德，所以名爲"普賢"。

　　在密教中，以普賢表示菩提心，認爲他與金剛手、金剛薩埵、一切義成就菩薩同體。在《華嚴經》中明示一切佛法歸於毗盧遮那如來及文殊、普賢二大士，三者并稱"華嚴三聖"，其中普賢菩薩代表一切菩薩行德本體。

　　普賢菩薩代表一切諸佛的理德與定德，與文殊并爲釋迦牟尼佛的兩大脅侍。文殊駕獅、普賢駕象，表示理智相即、行證相應。在大乘佛教的重要經典《法華經》及《華嚴經》中，都是彰顯普賢菩薩實踐菩薩行——一個菩薩力行實踐的樣態。

　　《觀普賢菩薩行法經》由阿難、摩訶迦葉、彌勒菩薩等二乘聲聞、菩薩請問世尊："如來滅後，云何衆生生起菩薩心，修行大乘方等經典，正念思維一實境界？云何不失無上菩提心？云何復當不斷煩惱，不離五欲，得净諸根，滅除諸罪，父母所生清净常眼，不斷五欲而能見諸外事？"佛陀針對這些問題，一一予以回答。并因此而宣説觀普賢菩薩而清净懺悔之行法，使行者能清净諸業障，無始以來所作之罪皆悉滅除。能枯竭煩惱大海，摧伏一切障礙、灾難。

　　《觀普賢菩薩行法經》中描述："普賢菩薩身量無邊、音聲無邊、色相無邊，欲來此國，人自在神通，促身令小，閻浮提人三障重故，以智慧力化乘白象。其象六牙，七支跋地，其七支下生七蓮花。象色鮮白，白中上者，頗梨雪山不得爲比。"

　　據《妙法蓮華經·普賢勸發品》説："當佛入滅后，若有人信奉念誦法華經者，普賢菩薩將與諸大菩薩一起出現在此人面前，守護其人，使他身心安穩，不受諸煩惱魔障之侵。"而《華嚴經》則説："有善財童子發大心，一心求菩薩道，後來在文殊菩薩啓發下，南行參訪各大善知識。最后到普賢菩薩處，普賢菩薩爲他講普賢十大願行：1.禮敬諸佛。2.稱讚如來。3.廣修供養。4.懺悔業障。5.隨喜功德。6.請轉法輪。7.請佛住世。8.常隨佛學。9.恒順衆生。10.普皆迴向。"若能將此十種行願不斷實踐力行，則可完成普賢菩薩之諸行願海。人命終時得此願行引導，往生阿彌陀佛極樂世界。然此十大願爲一切菩薩行願之標幟，故亦稱普賢之願海。以此菩薩的廣大行願，成爲大行普賢菩薩。

　　在密教中，普賢菩薩與金剛薩埵同體，列於金胎兩部曼荼羅中，是爲密教普賢。金剛界曼荼羅中，爲賢劫十六尊之一，安置於北方四菩薩最下位，密號"攝普金剛"。形象因各會之不同而有別，微細會左手握拳按腰，右手執利劍。供養以二手執蓮繪於胸前，蓮花上有利劍。胎藏界曼荼羅中，列於中臺八葉院之東南隅，身呈白肉色，戴五佛寶冠。密號："真如金剛"。此外，尚有普賢延命爲本尊之修法，稱普賢延命法。

　　中國佛教以四川峨嵋山爲普賢菩薩説法道場。晋代有惠持和尚從廬山入蜀，在此修建普賢寺，是峨嵋山供奉普賢菩薩之始。北宋年間，峨嵋山又籌建頭戴五佛金冠，手持如意結跏趺坐於象背的蓮臺上的普賢菩薩銅像一尊，像重達六十二噸，是佛教藝術珍品。

　　在佛教寺院中，普賢菩薩像一般都是作爲釋迦牟尼的脅侍菩薩，與文殊菩薩一起被供奉在釋迦佛像的左右，單獨供的不太多。普賢像大多是頭戴寶冠，身穿菩薩裝，坐於六牙白象上，這種像在我國的敦煌壁畫和寺院雕塑中都可以看到。

六〇、敦煌普賢經變圖之一

四、普賢延命菩薩

普賢菩薩有增益、延命的性德，當他住於增益延命三昧境界之時，就成爲普賢延命菩薩。依照密教經典的記載，眾生若能對此菩薩如法修持與祈求，則"終不墮三惡道，定增壽命。終無夭死短命之怖，亦無魘耗鬼魅咒詛惡形羅刹鬼神之怖。亦不爲水火兵毒之所傷害。"而且能"具大福智，勝願圓滿，官位高遷。富饒財寶皆悉稱意。若求男女，并及聰明。"這些功德，都是依據普賢延命菩薩的本誓而産生的。

普賢延命菩薩又有"大安樂不空三昧耶真實菩薩"與"金剛薩埵"等兩種異名。"前者是宣説此一菩薩具有賦予眾生以大利益、大安樂的平等本誓。后者是説他具有不朽不壞之智，能摧諸煩惱，猶如金剛。"

普賢延命菩薩的形象，有二臂像及二十臂像兩種。依據經典記載，二臂像是"如滿月童子，頭戴五佛頂冠，右手持金剛杵，左手持召集金剛鈴。坐千葉寶蓮花，花下有白象王。象王足踏金剛輪，輪下有五千群象。"而二十臂像則通身是金黃色，頭戴五智寶冠，左右各十只手，各持不同法器，坐於千葉蓮花之上。花下則有四白象，與二臂像座下有千群象不同。

經中又説，如果有眾生恐怖各種死亡、灾難、病苦、夭折、橫死，若能書寫、受持、讀誦本經或是畫普賢延命像，如理修法，即可離於前述種種之難，延命增壽。

六五、普賢延命菩薩之二

五、地藏菩薩

地藏，是梵文 "Ksitigarbha" 意譯。"藏" 是寶藏、儲藏、存有之意。"地藏" 的意思是如同大地一樣能承載萬物，含藏着無數的財寶資源，包含着無數善根種子。《地藏王菩薩十輪經》中稱其爲 "安忍不動猶如大地，靜慮思密知密藏"。"安忍" 是說地藏菩薩的忍辱第一，像大地一樣接納所有的污穢，一切罪業給予他，他都欣然接受，承載一切衆生的種種罪業。而 "靜慮" 則是說地藏菩薩具有不可思議的禪定智慧。地藏菩薩不但具有高尚的德性，還能背負衆生的所有苦難，遍知一切密藏與佛法的秘密法要，所以稱其爲 "地藏"。

關於地藏還有一種解釋說地藏就是伏藏的意思。潛伏於大地的一切寶藏都是地藏。伏藏象征着衆生本來具有的佛性，也就是如來藏，是一切不可思議的功德伏藏，能滿足一切衆生的願望，能够使衆生成就圓滿的佛果。"地" 具有生長萬物、安穩不動、廣大無比等性質，"大地" 則象征菩薩具有的深廣福德和無盡的智慧。

地藏菩薩的職責是救拔鬼魂，所以又成 "幽冥教主地藏王菩薩"，也叫 "地藏王菩薩"。地藏還稱爲 "大願地藏"，與文殊的大智、普賢的大行、觀音的大悲合起來稱爲四大本尊菩薩。地藏菩薩教化并不只局限於地獄，在這個娑婆世界中，世間的種種天灾人禍，常常被形容爲人間地獄，哪裏有苦難哪裏就有地藏菩薩的身影。地藏菩薩在整個六道中都有能力教化救度衆生。這就是佛經中所提到的六道地藏，地藏菩薩在六道中分別顯現出的不同形象：（1）檀陀地藏，"檀陀" 是一個人頭幢。其左手持人頭幢，右手結成辦印，此地藏菩薩專門救度地獄道衆生。（2）金剛寶地藏，左手持寶珠，右手結甘露印，此地藏菩薩專門救度餓鬼道衆生。（3）寶印地藏，左手持錫杖，右手結接引印，此地藏菩薩專門救度畜生道衆生。（4）金剛幢地藏，左手持金剛幢，右手施無畏印，此地藏菩薩專門救度阿修羅道衆生。（5）放光王地藏，左手持錫杖，右手結與願印，爲人除八苦之重障，此地藏菩薩專門救度人道的衆生。（6）日光地藏，左手持如意寶珠，右手結説法印，照天人之五衰，天人將死時會有五種衰敗相，分別是：天衣污穢、華冠衰萎、腋下流汗、身生穢臭、不離天座。此地藏菩薩除去他們的煩惱，專門救度天道衆生。

正如《地藏菩薩本願經》所説，文殊、普賢、觀音、彌勒，這幾位大菩薩救度六道衆生，他們的願力還有限度，而地藏菩薩度化六道衆生所發的宏願，像千百億恒河之沙，是永無止境的。

地藏菩薩的形象與文殊、普賢、觀音三位大菩薩的形象也有所不同。當示現爲出家修行的比丘時，一般是右手持錫杖，表示愛護衆生，戒修精嚴，震懾群魔；左手持如意寶珠，表示滿足衆生的願望。有時或坐或立於蓮花上，頭戴五佛帽，左手持蓮花莖，右手施無畏印。地藏菩薩的坐騎是一頭像獅子的瑞獸，這個瑞獸的名字叫"諦聽"，也稱"善聽"。這種獸神通廣大，雙目神光閃爍，耳朵極爲靈敏，它能聽到四大部洲山川動物的聲音，以及一切衆生的行動。地藏菩薩憑借他能了知世間的一切，明鑒善惡賢愚，往來於各個世界，没有任何障礙。

關於地藏菩薩的來歷，有許多説法。在《地藏菩薩本願經》裏，詳細介紹了地藏菩薩在忉利天宮接受釋迦牟尼佛的囑托。在佛陀圓寂之後，彌勒菩薩成道之前，地藏菩薩在這一時期將用孝道代替佛陀教化衆生。他發下大誓願："地獄不空，誓不成佛。"也就是要度盡衆生、拯救苦難、然後成佛。地藏菩薩在無量劫前爲婆羅門女，由於她的母親在世時不信佛法，相信邪法，謾罵侮辱修持正法的比丘，死後墮入無間地獄。婆羅門女知道母親在地獄受苦，於是變賣所有家産，獻財物於佛寺供養僧人，受到覺華定自在王如來的指引，神游地獄，遇見大鬼王無毒，請求救亡母脱離苦海地獄。在鬼王無毒指引下，使母親得到解脱。她再次來到自在王如來像前立下弘誓："願我盡未來劫，爲一切罪苦衆生，廣設方便，使其解脱。"釋迦牟尼佛告訴文殊："婆羅門女，就是地藏王菩薩。"地藏王菩薩能分身於百千萬億如恒河沙那樣多的世界裏，在每一個世界裏又化身百千萬億，每一身能度百千萬億人。

在《地藏經・地神護法品》中提到供養、繪畫地藏菩薩有十種利益："……是中能塑畫，乃至金銀銅鐵，作地藏形象，燒香供養，瞻禮讚嘆，是人居處即得十種利益，何等爲十？一者土地豐穰，二者家宅永安，三者先亡昇天，四者現存益壽，五者所求遂意，六者無水火災，七者虚耗闢除，八者杜絶惡夢，九者出入神護，十者多遇聖因。"

另外《囑纍人天品》中亦説供養、讀誦地藏王菩薩經像者可獲二十八種利益。可見地藏菩薩不只是度化地獄中的衆生，也能護佑衆生現世的生命。

六、地藏菩薩與九華山

　　唐朝時，新羅國有位僧人叫金喬覺，法號"地藏"，他是新羅第七代國王金理洪的兒子，從小就厭倦官廷奢華的生活，於是削髮爲僧。在唐玄宗時，乘船渡海來到中國。當他路過安徽池陽時，見九華山峰巒叠嶂、樹木茂盛、山泉瀑布不斷、鳥語花香，是個修行的好地方。於是，他停下來，在九華山結茅棚苦行修煉。這時他已經近六十歲，但身體非常健壯。後來得到樂善好施的山主閔公的護持。閔公早已聽説山中有一位叫地藏的新羅僧人非常虔誠地信奉佛法，便想邀請赴齋宴。地藏在齋宴上請求閔公施舍他一塊袈裟大的地方，作爲修行場所。閔公欣然答應，然而讓他驚奇的是地藏將袈裟一抖，竟把整個山都罩住了，在場衆人目瞪口呆，閔公更是心悦誠服，不但出讓了九華山，還捐資修建了"化城寺"。并讓兒子隨自己一同出家，護持地藏比丘。於是九華山成了地藏菩薩的道場，閔公父子也就成了地藏菩薩左右脅侍。

　　地藏菩薩雖是化城寺的開山祖師，但他仍然持戒苦修，深爲信衆敬仰。地藏比丘在九華山修行了幾十年，在他九十九歲的時候，一天，他召集弟子與衆人來到自己跟前，囑咐一番後，安然坐化。他的肉身被放在月官寶殿裏，金喬覺生前虔誠信仰地藏菩薩，而他的容貌也與地藏菩薩極其相似，世人便認定他就是地藏菩薩的轉世。由於他姓金，所以又稱"金地藏"。人們在地藏圓寂三年後，准備開缸安葬時，却驚奇地發現他的遺體不但完好無損，而且綿軟，容貌寂静慈祥，像他活着的時候一樣，敲擊他的骨節會發出金鎖般的響聲。寺僧將地藏肉身移葬到三層寶塔之中，此塔被稱爲"肉身寶塔"。

　　金喬覺以九十九高齡示寂，肉身不壞，全身入塔。又因爲他生前篤行地藏菩薩的行願，更使世人相信他就是地藏菩薩的化現，相傳農曆七月十五爲地藏菩薩的誕辰，七月十三日則是其成道日，他入滅的那天是農曆七月三十日，世人便將此日定爲地藏菩薩的涅槃日。

　　作爲地藏菩薩道場的九華山，位於安徽青陽縣西南，方圓一百公里，有九十九峰，最高峰海拔一千三百四十二米。九華山廟宇和佛像最多時是唐代，那時曾有"九華一千寺，撒在雲霧中"的詩句。現在九華山尚有八十二座寺廟，六千多尊佛像，居四大佛山之首。其中最有名的是坐落在神光嶺上的肉身寶殿，據説地藏菩薩的肉身至今還保存在那裏。九華山的肉身殿，聞名退邇，是全國最大的地藏道場，每年七月全國會有不少信徒來到九華山，到塔下膜拜，還會虔誠地通宵爲地藏菩薩"守塔"。

七、地藏菩薩與十殿閻王

　　各種宗教對人死後的世界都有自己的解釋，早期道教認爲人死後魂歸於東岳大帝所管，但是後來隨着佛教傳入中國，受到佛教因果輪回轉世觀的影響，道教也出現了陰間和掌管陰間的一係列神仙，這就是"十殿閻羅"。受影響最大的當屬佛教的《地藏經》，這也就出現了《地藏與十殿閻王》畫像。

　　地藏菩薩前面已有介紹，這裏專門介紹十殿閻羅。

　　一殿秦廣王，專門掌管人間壽夭生死名册，統管陰間的吉凶。大殿居於大海沃礁石外黄泉黑路正西。凡行善積德之人，壽終之日，秦廣王會派鬼卒接引，直接投胎受生；如果功過相抵，則被送到第十殿閻羅轉輪王那裏重新投胎轉世；在陽間作惡之人，如果罪業不重，會被鬼卒押入大殿旁邊的高臺。高臺名爲孽鏡臺，有一丈高，上面有一面寬十圍的大鏡子，鏡子上面寫着七個大字——孽鏡臺前無好人。作惡之人被押到鏡子跟前，鏡中會出現其在世所行奸惡之事，以及將要受到刑罰的慘狀，鬼魂一般會生出悔恨之心，照過孽鏡之後，被押到第二殿受刑。

　　二殿楚江王，掌管着大地獄。這處地獄在大海之下，位於正南沃礁石下面，縱横八千里，下面另設有斫截、寒冰等十六座小地獄。這些小地獄中都有各種刑罰，犯人要根據罪行的輕重，在其中受苦以消罪業。

　　三殿宋帝王，掌管着大海之下，東南方沃礁石下面的黑繩大地獄。這座地獄縱横八千里，也有十六座小地獄，分别是咸齒、挖眼、割心等小地獄；這裏所收的鬼魂比二殿閻羅的罪行更重，那些爲臣不忠且不爲民辦事者、見利忘義者、不守人倫之道者、忘恩負義者、經商中偷奸耍滑者，查對所犯罪行之後，將會被大力鬼卒投入大獄，然後按照罪行的輕重發往相應的小地獄受苦，受完刑罰之後再被押往第四殿加刑受獄。

　　四殿五官王，掌管着大海之下，正東沃礁石下的大地獄。這座地獄也是縱横八千里，其中也設有十六座小地獄。刑罰比起三殿更加厲害，有碎石埋身、沸湯澆手、斷筋剔骨、飛灰塞口等小地獄。

　　五殿閻羅乃閻羅天子。閻羅天子心地仁慈，本來是第一殿閻羅，因爲可憐冤屈而死的鬼魂，屢次將他們放回陽間申冤，觸犯了天條，所以被降職調到第五殿。閻羅天子掌管大海之下，東北方沃礁石下的叫唤大地獄。此處也有十六個誅心小地獄。發放到這裏的鬼魂，或者是已經在前面各處的地獄中受過刑罰；或者是經過前面四殿查核無誤，按規定在七日之内押解到這裏。或者是那些屍體停放了五至七天并不腐爛的鬼魂，也被押解到這裏，他們在世間尚有未了的善願，諸如修築寺院、橋梁尚未完工、出資印善書還未完成甚至受恩未報，等等。他們哀求陰間判官能准其還陽，完成心願。

　　閻羅天子斥責這些鬼魂："你們以前作惡多端，惡行昭彰，世人或者不知，但是神鬼難欺。天理昭彰！要想行善來彌補罪行已經遲了，陰間没有怨鬼，真正修德行的人，人間没有幾個。押到本殿的鬼魂都照過孽鏡，皆是作惡多端之輩，無需多言！"説罷，閻羅天子吩咐牛頭馬面將這些鬼魂押赴望鄉臺。望鄉臺的形狀就像一張弓，望鄉臺高四十九丈，有六十三級刀山構成的山坡。望鄉臺的北面是劍樹之城。善良之人或者善惡相抵之人都不用登望鄉臺，而能再次進入輪回。只有那些惡鬼，望見故鄉近在咫尺，自己生前作惡事、惡毒的心思都歷歷在目。惡鬼們看清自己的罪行之後，隨即被押入叫唤大地獄裏。先查實他們所犯罪惡，再按照罪行輕重分别發往十六個誅心小地獄受苦。這些小地獄之內各埋着木椿，銅蛇爲鏈，鐵犬作墩。鬼魂被捆壓住手腳，鬼卒們拿着小刀，開膛破腹，鈎出心臟，細細割開之後，痛苦就止住了，他們的身體重新恢復原樣，又被發到其他殿裏受審。

六殿卞城王，掌管着大海下面，正北沃礁石下面的大叫喚地獄。此地獄縱橫八千里，裏面也有十六個小地獄，如屎泥浸身、割腎鼠咬、碓搗肉漿、桑火烘、腰斬、剝皮揎草等各種酷刑小地獄。

七殿泰山王，掌管着大海之下、西北沃礁石下面的熱惱大地獄。此地獄縱橫八千里，裏面有十六小地獄，如割胸、犬咬脛骨、榔頂開額、頂石蹲身、惡鳥上下啄咬、拔舌穿腮、抽腸、驟踏貓嚼、油釜滾烹等小地獄。

八殿都市王，掌管着大海之下、正西沃礁石下面的大熱惱大地獄。此地獄縱橫八千里，設有十六個小地獄，如車崩、悶鍋、碎剉、斷肢、煎臟、灸髓、開膛、剮胸等。

九殿平等王，掌管着大海之下、西南沃礁石下的阿鼻大地獄。阿鼻大地獄被密密麻麻的鐵網圍繞，重重叠叠，縱橫一萬二千八百里，設有十六個小地獄。這些小地獄中盡是些罕見的酷刑，如敲骨灼身、抽筋擂骨、鴉食心肝、狗食腸肺、身澆熱油、腦骨拔舌拔齒、取腦胃填、蒸頭刮腦、搗成肉醬、木夾頂、磨心、沸湯淋身、黃蜂咬身、蝎鈎、蟻蛀熬枕、紫赤毒蛇鑽孔等。

十殿轉輪王，位於正東方，在陰間的沃礁石之外，對着世界的五濁之處。這裏有金、銀、玉、石、木板、奈何等六座橋。各殿審理受刑完畢的鬼魂押解到這裏，分別核定，再發往四大部洲各處投胎。凡是那些功過相抵、受苦報期滿、功少過多的鬼魂，立即斟酌其罪功，標明來生的福報之後發往投胎。來生有些相貌美麗，有些醜陋，有些生活安樂，有些生活勞苦。一旦確定發往何方富貴、貧賤之家的鬼魂，交到孟婆那裏，灌下孟婆茶之後投胎。再根據陰間律令，分爲昆蟲、爬蟲、走獸等類生靈，依照生前所行善惡的大小，依次投胎。有些一年或一季即死；有些朝生暮死。反復地依罪變換，只有等熬盡應受的痛苦之後，才能轉世爲人。這些鬼魂轉世的情況在年終的時候要匯總送交酆都備案。

投胎轉世都要經過轉劫所。轉劫所方圓一萬一千二百里，周圍上下都是鐵柵欄。柵欄裏面有八十一處所在，每處都有亭臺，有一些判官、官吏設案記事。柵欄外面有十萬八千條羊腸小路，彎彎曲曲地通往四大部洲。小路上黑暗無比，伸手不見五指，死後到幽冥或者往生投胎，進出都走這些小路。從外面往裏看，卻明亮如水晶，所有事情，絲毫無法隱藏。判官派遣官吏、鬼卒，輪班把守小路。眾鬼進進出出，還是生前的面目，很容易分辨。

判官、官吏都是在世孝順父母、友愛兄長、和睦親友、行善積德的善人，死後在陰間充當官吏。他們在這裏待了五年之後，如果沒有過失，就會受到加級、調升的獎勵；如果怠惰，依仗權勢，貪贓枉法，或者有什麼過失，就會受到降職、貶官的處分。獎懲機製和人間頗爲相似。古時候每個縣城都有城隍廟，城隍廟都有閻王殿，一般都有十個殿，供奉的就是十殿閻羅。古代還流行着十殿閻羅圖，將地獄的各種酷刑淋灕盡致地畫出來，以警醒世人，多行善，少作惡，以免死後受苦。

八、地藏王菩薩

在我國流傳的許多佛菩薩像中，其聲名最廣、功法最顯著的，要算地藏菩薩爲第一。此尊梵名音譯爲"乞叉底蘖婆"。譯作地藏、持地、妙童、無邊心等。"地"爲住處之意，"藏"爲含藏之意。即地藏菩薩受釋尊之付囑，於佛陀入滅后至彌勒菩薩成佛前之間無佛時代，自誓地獄不空誓不成佛之菩薩。爲中國四大菩薩之一。關於地藏菩薩之名義，《地藏十輪經》卷一云"安忍不動，猶如大地；静慮深密，猶如密藏"，故稱地藏。

據《大方廣十輪經》卷一序品《占察善惡業報經》卷上載，地藏菩薩由過去世之大悲誓願力，亦現大梵王身、帝釋身、聲聞身、閻羅身、獅象虎狼牛馬身、乃至羅刹身、地獄身等無量無數異類之身，以教化衆生，并特別愍念五濁惡世受苦衆生，應衆生所求而消灾增幅，以成熟衆生之善根。地藏菩薩常變現如是無數之化身濟度衆生，故又稱千體地藏。

地藏菩薩本願故事，有多種説法。據《地藏菩薩本願經》卷上《忉利天宫神通品》載："地藏菩薩於過去久遠劫前，爲大長者子，因見師子奮迅具足萬行如來之相好莊嚴，而産生恭敬景仰之心，爲證得此莊嚴之相，而發願盡未來際不可計劫，度脱六道受苦衆生。"同經同品又稱，地藏菩薩爲過去不可思議阿僧祇劫時，是一婆羅門女，爲救度其母出離地獄而爲母設供修福，并發願盡未來際劫廣度衆生。又《地藏經·閻浮衆生業感品》亦舉二説：1.地藏菩薩於過去久遠劫時爲一國王，其國内人民多造衆惡，遂發願度盡罪苦衆生皆至菩提，否則不成佛。2.地藏菩薩於過去久遠劫時爲一女子，名曰光目。其母墮於地獄受苦，光目爲救度之，而發願拔出一切最苦衆生，待衆生盡成佛后，方成正覺。

地藏菩薩之形象有多種。一般廣爲流傳之形象，爲内秘菩薩形，外現沙門形，左手持寶珠，右手持錫杖或坐或立於蓮華上。在密教中，地藏菩薩爲胎藏界曼荼羅地藏院之主尊，呈菩薩形，左手持蓮花，花上有如意寶幢，右手持寶珠，坐於蓮花上。密號爲悲願金剛、與願金剛。金剛界曼荼羅中，南方寶生如來四近親中之金剛幢菩薩，與地藏菩薩同體異名。

地藏菩薩以悲願力救度一切衆生，尤其對地獄中之罪苦衆生特別悲愍，而示現閻羅身、地獄身等廣爲罪苦衆生説法，以教化度之。故一般又以閻羅王爲地藏菩薩化身。《地藏菩薩發心因緣十王經》中，即指出閻羅王本爲地藏菩薩之説。我國民間信仰中，地獄思想受《地藏經》影響甚深而視地藏菩薩爲地獄最高主宰，稱爲幽冥教主，其下管轄十殿閻王。敦煌千佛洞即發現地藏與十王像。

一一五、敦煌中唐地藏菩薩

九、彌勒菩薩

彌勒菩薩，梵名"Maitreya"，又作"昧怛隸野""未怛唎耶""彌帝禮""彌帝隸"，意譯為"慈氏"。是當來下生，繼世尊之後成佛的菩薩，故又稱"一生補處菩薩"或"彌勒如來"。如果有造惡之衆生，聽聞彌勒菩薩的名號，能誠心懺悔，惡業迅速清净。

在《賢愚經》中記載，彌勒菩薩之父名為"修梵摩"，母稱"梵摩提跋"，生於南天竺的婆羅門家。因為菩薩的母親懷孕之後，性情變得慈和悲憫，所以菩薩出生後，即取名為"慈氏"。而《大日經疏》卷一則記載，慈氏菩薩依佛四無量中之慈心為首，此慈從如來種性中生，能令一切世間不斷佛種，故稱"慈氏"。

彌勒菩薩號為慈氏，這個名號的建立，最根本是來自其本願所行。在緣起上，他生生世世皆是修習慈心三昧，行慈行來救度衆生。所謂"慈"，即是予一切衆生樂。彌勒菩薩的特德，是希望在拔除衆生之苦之後，更進一步給予其安樂。他涵蓋了世間與出世間，使衆生在世間的生活上能平和地具足一切，在出世間上，則使衆生得到真實的大安樂。

據《彌勒上生經》記載，有得聞彌勒菩薩名號之利益功德："但得聞是彌勒名者，命終亦不墮黑暗處、邊地、邪見、諸魔律儀，恒生正見，眷屬成就，不謗三寶……若善男子、善女人犯諸禁戒，造衆惡業，聞是菩薩大悲名字，五體投地誠心懺悔，是諸惡業速得清净。"

彌勒菩薩有諸多不同形象，在金剛界曼茶羅中是屬於賢劫十六尊之一，安置於三昧耶會等的東方北端。有關其形象有種種説法，現圖胎藏曼茶羅，是身肉色，頭戴寶冠，冠中有卒都婆，左手施無長，右手持蓮花，花上有寶瓶。

又《慈氏菩薩略修愈誐念誦法》卷上，以慈氏菩薩為修愈誐曼茶羅的中尊，其形象為身白肉色，頭戴五智如來冠，左手執紅蓮花，於蓮花上畫法界塔印，右手大拇指押火輪甲上，餘指散舒，微屈鳳幢，有種種寶光，於寶蓮花上半跏趺，以種種瓔珞、天衣、白帶、環釧莊嚴。

另西藏密教亦傳有彌勒菩薩：身金黄色，雙手結説法印，垂足而坐，手中所捻龍華樹花心上有法輪與寶瓶為證，安住蓮花獅座上。

十、虛空藏菩薩

虛空藏菩薩：梵名"Akasagarbha"，又譯爲"虛空孕菩薩"，因爲他具足福德、智慧二種寶藏，無量無邊，猶如虛空廣大，所以稱爲"虛空藏菩薩"。他能出生無量寶物，滿足一切衆生欲求，可說是典型的財寶本尊，因此又被稱爲"如意金剛""富貴金剛""無盡金剛"。

據《大方等大集經》卷十六中佛陀告訴速辨菩薩說，虛空藏菩薩"於虛空中隨衆生所需，若法施、若財施、盡能施予，皆令歡喜，以是故，善男子！是賢士以此方便智故名虛空藏。"并說虛空藏過去世："於普光明王如來出世時爲功德莊嚴轉輪聖王之子，名'獅子進'，與'獅子'等諸王子舍世王位，出家修道。後爲度化功德莊嚴王的驕慢心，現無量神變。於虛空中現種種妙物，所謂華香、末香、塗香、繒蓋、幢幡，作種種天樂、美膳、飲食、瓔珞、衣服，種種珍寶皆從空中繽紛而下，雨如此寶，滿足三千大千世界，衆生得未曾有，皆大喜悦。爾時，從地神諸天，上至阿迦膩吒天皆歡喜踴躍，唱如是言，'此大菩薩可名虛空藏。所以然者，以從虛空中能雨無量珍寶充足一切。'爾時，世尊即印可其言名虛空藏。"

另有《別尊雜記》卷二中記載："虛空藏菩薩者，表一切如來恒沙功德福聚資糧，修瑜伽者於此部中，速成就所求一切伏藏，皆得現真多摩尼寶。"《覺禪鈔》引《大日經疏》十一云："如虛空不可破壞，一切無能勝者，故名'虛空'等歟。又'藏'者，如有人有大寶藏，施所欲者，自在取之，不受貧乏，如來虛空之藏亦復如是，一切利樂衆生事，皆從中出無量法寶，自在受用，而無窮竭相，名虛空藏也，此藏能生一切佛事也。"

《虛空藏菩薩神咒經》中，佛陀贊嘆虛空藏菩薩：禪定如海，净戒如山，智如虛空，精進如風，忍如金剛，慧如恒沙。是諸佛法器，諸天眼目，人之正道，畜生所依，惡鬼所歸，在地獄救護衆生的法器。應受一切衆生最勝供養。可見這位菩薩功德之殊勝。

《虛空藏菩薩經》中則叙述，佛陀住在佉羅底翅山時，虛空藏菩薩從西方一切香集依世界的勝華敷藏佛所，與十八億菩薩來娑婆世界爲净土，使一切與會大衆兩手皆有如意摩尼珠，其珠放出大光明，遍照世界，并奏天樂，出生種種寶物。

由以上經疏中種種記載，不但可知虛空藏菩薩之所以名虛空藏，與財寶有着深密的因緣，更可以知道此財寶本尊虛空藏菩薩不僅可賜予衆生世間無量種種珍妙財寶，滿足衆生世間的需求，更能增進衆生意樂，施與種種法財，令一切衆生圓滿菩提，同時圓滿衆生福智二種資糧。

虛空藏菩薩在胎藏曼荼羅虛空藏院中爲主尊，身呈肉色，頭戴五佛冠。右手屈臂持劍，劍緣有光焰；左手置於腰側，握拳持蓮，蓮上有如意寶珠，坐於寶蓮花上。其所持的寶珠、劍，即代表福德、智慧二門。頂戴五佛寶冠，表示具足萬德圓滿之果德。右手持的寶劍表示其内證之智，身後之慧、方、願、力、智王波羅密菩薩由此產生。

虛空藏菩薩左手持蓮花，上有寶珠，寶珠有一瓣、三瓣或五瓣。一瓣寶珠表一寶相的菩提心；三瓣寶珠表胎藏之佛部、蓮花部、金剛部等三部；五瓣寶珠表金剛界三王智，亦即表内證之福德，自此流出布施、持戒、忍辱、精進、禪定五波羅蜜菩薩。其眷屬十波羅蜜菩薩，着羯磨衣，從虛空藏菩薩之福德智慧二莊嚴所化現。

此外，虛空藏菩薩也常化現爲天黑後第一顆出現的明星，因此也被認爲與明星天子是同體所現。

十一、大勢至菩薩

大勢至菩薩：梵名"Maha—sthama—prapta"，又譯作"摩訶那鉢""得大勢""大勢志""大精進"，或簡稱"勢至""勢志"，是淨土信仰中的重要菩薩，與觀世音菩薩同爲阿彌陀佛的脅侍。彌陀、觀音、勢至合稱爲"西方三聖"相對於觀世音菩薩的代表慈悲，大勢至菩薩就象征智慧。

《佛説觀無量壽佛經》説：此菩薩以智慧光普照一切，令衆生遠離三惡道，得無上力，所以稱此菩薩爲大勢至。此菩薩與觀世音菩薩具攝受護念衆生，當淨土行人臨命終時，會來迎請淨土行人往生極樂世界。在《大佛頂首楞嚴經》卷五中説：我於因地時以念佛心證入無生法忍，現在在娑婆世界攝受念佛人歸於淨土。

大勢至與阿彌陀佛、觀世音菩薩二位聖尊有極深的淵源。在彌陀成佛以前，他即與觀世音菩薩共同爲彌陀的侍者；在未來世，他也將接續觀世音菩薩之後而成佛，名爲"善住功德寶王佛"。

依《楞嚴經》所載，大勢至菩薩在因地所修的是念佛三昧，因此，他也以念佛法門教導衆生。他教導説，十方諸佛如來，憐念衆生的心，就像母親憶念兒女一樣。如果衆生之心，也如是憶佛念佛，現前當來，必定能見佛。

因此，他開示的法門是："都攝六根，淨念相繼，得三摩地，斯爲第一。"這種法門，在後世也成爲中國淨土行者的重要准則。在密教的《七佛八菩薩神咒經》與《藥師本願經》，則將此菩薩列爲八大菩薩之一。大日經係的經典則將此尊列屬爲觀音部，密號"持輪金剛""持光金剛""轉輪金剛""空生金剛"等。

關於大勢至菩薩的形象，《佛説觀無量壽佛經》中説，此菩薩身量大小如同觀音，頂上天冠有五百寶蓮花，一一寶華有五百寶臺，一一臺中，十方諸佛淨妙國土廣長之相皆於其中顯現，頂上肉髻如鉢頭摩華，於肉髻上有一寶瓶，盛諸光明，普現佛事，其餘身相皆如觀音等同無異。

密教諸經却有各種説法，如《大日經》卷一《具緣品》説，大勢至菩薩衣服顏色是商佉色，大悲手持蓮花，蓮花飽滿還未盛開。《攝無礙經》則説，大勢至菩薩頂上有五髻冠，冠中住軍持，身相白肉色，左手拿着白蓮花，右手作説法印，全身妙鬘寶瓔珞，清净莊嚴如同觀音。

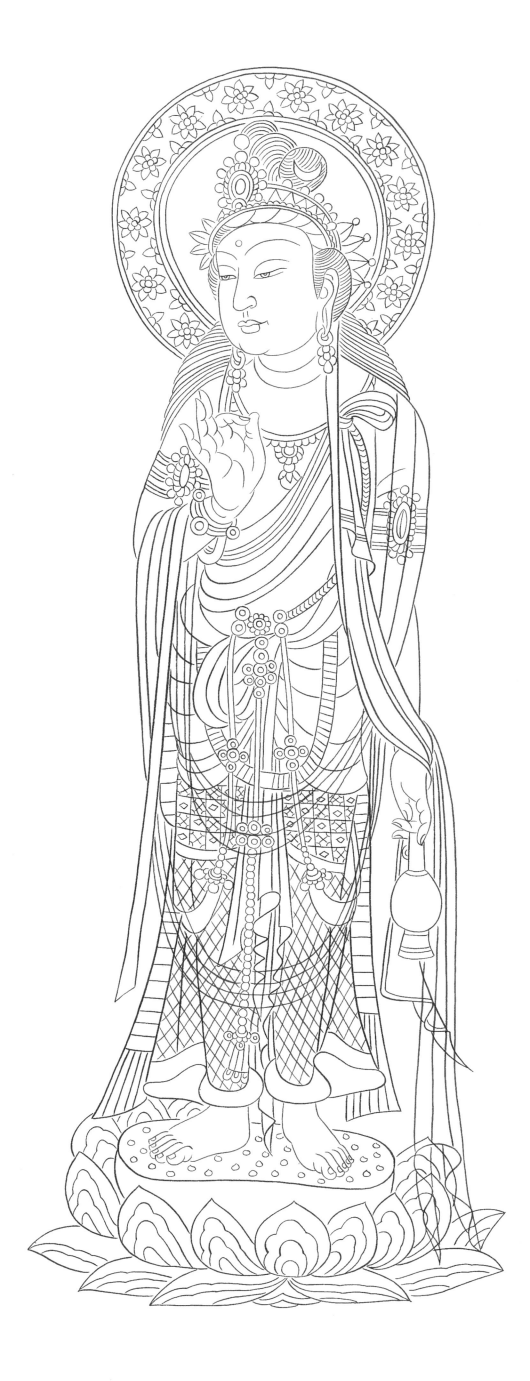

一三七、大勢至菩薩之九

十二、日光菩薩

　　日光菩薩，又稱作日光遍照、日曜，是藥師佛的左脅侍，與右脅侍月光菩薩在東方净琉璃國土中，并爲藥師佛的兩大輔佐，也是藥師佛國中，無量諸菩薩衆之上首。

　　日光菩薩與藥師佛的關係很深遠。在久遠的過去世中，電光如來行化於世間。當時有一位梵士，養育二子，父子三人有感於世間的濁亂，於是發起菩提心，誓願拯救病苦衆生。電光如來對他們非常讚嘆，勸梵士改名爲醫王，二子改名爲日照、月照。這位蒙受電光如來囑咐的梵士，成佛後就是藥師如來，二位兒子也就是日光、月光兩大脅侍，而日照就是日光菩薩。

　　日光菩薩的名號，是取自"日放千光，遍照天下，普照冥暗"的意思。此菩薩依其慈悲本願，普施三昧，照耀法界俗塵，摧破生死暗黑，猶如日光之遍照世間，故取此名。

　　日光菩薩與觀世音菩薩的大悲咒也有密切聯繫。持誦大悲咒者，日光菩薩當與無量神人來爲作證，并增益其效驗。凡是持誦大悲咒者，如能再持日光菩薩陀羅尼，當能得到日光菩薩護持。

　　單獨出現的日光菩薩并不多見，常是與月光菩薩、藥師佛一起構成一佛二菩薩的格局。這時的日光菩薩像，一般爲身披天衣，頭戴寶冠，或手持蓮花，蓮花上有象征太陽的日輪。

十三、月光菩薩

月光菩薩，爲藥師如來的脅侍，又稱作月净菩薩、月光遍照菩薩。《灌頂經》卷十二記載：有二菩薩，一名日曜，二名月净，是二菩薩次補佛處。據《藥師如來本願經》記載，月光菩薩與日光菩薩，同爲無量無數菩薩衆之上首，次第補佛處，悉能受持藥師如來的正法眼藏。

《覺禪鈔》引《藥師經疏》卷一曾提到，過去世電光如來時，有一梵士醫王，養育日照、月照二子，發心願利樂衆生，二子亦發願供養。梵士醫王即是今日的藥師佛，二子即是日光、月光二菩薩。

依《修藥師儀軌布壇法》載：月光菩薩與觀世音的大悲咒，也有密切的聯繫。凡是至心持誦大悲咒的修行者，月光菩薩也會與無量護法來護持，如果能再加誦月光菩薩陀羅尼，則月光菩薩當會加以庇護，使持咒者除去一切障難與病痛，并成就一切善法，遠離各種怖畏。

另外，月光菩薩在密宗也是金剛界曼荼羅賢劫十六尊之一，胎藏界曼荼羅文殊院中的一尊。在金剛界曼荼羅中，月光菩薩位列微細會等第二院子西邊，在光網菩薩與金剛燈菩薩之間，密號清凉金剛，或曰適悦金剛，三昧耶形爲半月形。《觀想曼拏羅經》中説其身呈白色，右手持開敷蓮花，花上有月，左手握拳按腰側。

胎藏界曼荼羅中，月光菩薩位於文殊院妙吉祥的右方，在妙音菩薩與無垢光菩薩之間，密號爲威德金剛，三昧耶形爲青蓮華上置之半月形。右拳當腰執蓮花，花上安半月，左手豎拳持合蓮花，跏坐蓮臺。

十四、藥王·藥上菩薩

　　藥王菩薩，梵名"Bhaisajya-raja"，音譯作"鞞逝舍羅惹"。是《法華經》中記載，燃燒自身以供養諸佛的大菩薩；也是施與良藥給眾生，以除治眾生身心病苦的大士，同時也是阿彌陀佛二十五菩薩之一。

　　據佛典中所說，凡有如法持誦藥王菩薩名號、真言，或是如法觀想藥王菩薩者，悉可滅除無量生死重罪，不橫死、四百四病自然除滅，身諸煩惱悉皆不起，得服無上法藥乃至菩提。

　　據《觀藥王藥上二菩薩經》所載，過去無量無邊阿僧祇劫，有佛出世號"琉璃光照如來"，劫名"正安穩"，其國名"懸勝幡"。彼佛涅槃後，於像法中，有日藏比丘，聰明多智，爲大眾廣說大乘如來之無上清净平等大慧。當時在大眾中，有一位星宿光長者，聞說大乘平等大慧，心生歡喜，便以雪山良藥，供養日藏比丘及眾僧，并於日藏比丘前發願："以此功德，願我生生不求人天三界福報，正心回向阿耨多羅三藐三菩提。我今至誠發無上道心，於未來世必當成佛。此願不虛，必如尊者所説佛慧。我得菩提清净力時，雖未成佛，若有眾生聞我名者，願得除滅眾生三種病苦：一者眾生身中四百四病，但稱我名即得除愈。二者邪見愚痴及惡道苦，願永不受；我作佛時生我國土諸眾生等，悉皆悟解平等大乘更無異趣。三者閻浮提中及餘他方有三惡趣名，聞我名者，永更不受三惡趣身，設墮惡趣，我終不成阿耨多羅三藐三菩提；若有禮拜、係念、觀我身相者，願此眾生消除三障，如净琉璃內外映徹，見佛色身亦復如是；若有眾生見佛清净色身者，願此眾生於平等慧永不退失。"

　　而長者之弟"電光明"，亦隨兄持諸醍醐良藥供養日藏及諸僧眾，亦發大菩提心，願得成佛。

　　由於星宿光長者以呵梨勒雪山勝藥以施眾僧，使眾僧服已，得聞妙法，以藥力故除二病：一者四大增損，二者煩惱嗔恚。便因服此藥的緣故，諸大眾皆發起無上阿耨多羅三藐三菩提心。因此，大眾爲了報答長者施藥而得發心之恩，所以，以長者施藥之行而爲其立名號爲"藥王"。

　　當藥王菩薩聞諸大眾爲其立號時，便敬禮大眾説："大德眾僧爲我立號，名曰'藥王'，我今應當依名定實。若我所施，回向佛道，必得成就：願我兩手雨一切藥，摩洗眾生除一切病；若有眾生聞我名者，禮拜我者，觀我身相者，當令此等皆服甚深妙陀羅尼無閡法藥，當令此等，現在身上除去諸惡，無願不果；我成佛時願諸眾生具大乘行。"作是語時，於虛空中雨下七寶蓋覆於藥王上。

　　這就是藥王菩薩得名藥王的因緣與因地願行。在經中，佛陀并授記藥王菩薩，久修梵行諸願已滿，於未來世過算數劫，當得作佛，號"净眼如來"，國名"常安樂光"，劫名"勝滿"。彼佛出時，其地金剛色如白寶至金剛際，空中自然雨白寶華，團圓正等五十由旬，遍滿其國。彼土眾生無身心病，天獻甘露不以爲食，純服無上大乘法味，彼佛壽命五百萬億阿僧祇劫，正法住世四百萬阿僧祇劫，像法住世百千萬億阿僧祇劫，生彼國者皆悉住於陀羅尼門，念定不忘。經中佛陀尚詳細教導大眾，若欲見藥王菩薩，應具足之因緣及應如何作觀。又説如法修持藥王菩薩之功德利益，具體而言，"佛滅度後若有四眾，能如是觀藥王菩薩者，能持藥王菩薩名者，除却八十萬劫生死之罪，若能稱是藥王菩薩名字，一心禮拜，不遇禍對，終不橫死。"

　　此外，依據《法華經》所記載，在久遠的過去世中，日月净明德如來在世時，如來曾爲一切眾生喜見菩薩講授《法華經》，該菩薩依此修行，而得證現一切色身三昧。爲了感恩如來的教誨，此一菩薩乃以天寶衣纏身，灌注香油燃燒全身，以供養如來。

　　菩薩燒身命終之後，又出生在日月净明德如來的國土中。那時如來即將涅槃，特別將弘揚佛法的重任咐囑菩薩。菩薩在如來涅槃後，起建八萬四千塔來供奉如來舍利。之後，便在八萬四千塔前，燃燒自己的雙臂，以表示對如來舍利的供養，又因誓願力使雙臂恢復如故。這位曠劫以來經常捨身布施的一切眾生喜見菩薩，就是《法華經》內的藥王菩薩。

　　依《法華經曼荼羅威儀形色法經》所載，此菩薩的形象是：頂上有妙寶冠，鉗髮垂耳側，身相朝日色，左定拳着膝，右惠雲上日，跏趺而坐，右足押在左足上，大悲救世之相，身上裝飾着妙好花鬘、天衣及瓔珞，手臂有環釧，細錦係在腰上，赤綾作爲妙裳，身相殊妙莊嚴，身光遍暉曜，以寶蓮爲座，安住於輪海中。或有説其右手屈臂，置胸前，以拇指、中指、無名指執持藥樹。

　　藥王菩薩之三昧耶形爲阿伽陀藥或爲蓮花。

十五、寶寧寺水陸畫

　　此堂水陸畫原屬山西省右玉縣寶寧寺。約繪製於明天順元年至四年（1457–1460）。清康熙四十四年（1705）及嘉慶二十年（1815）曾先後重新裝裱，二000年部分佛菩薩像重新裝裱。現全堂水陸畫藏於山西省博物院，是現存最完整的一套水陸畫之一。據清康熙四十四年重新裱題記：“寺中相傳，有敕賜鎮邊水陸一堂，妙相莊嚴，非尋常筆迹所同。”推斷此堂不同於一般民間水陸畫，爲官廷畫師所作，目的爲“鎮邊”。

　　水陸法會，全稱“法界聖凡水陸普度大齋勝會”，又稱水陸道場。據《釋門正統》卷四戴，梁武帝（502–549在位）蕭衍夜夢神僧教設水陸齋，普濟六道四生群靈，而後帝披覽經論，依阿難遇面燃鬼王一事，建立平等斛食之意，製作儀文，修水陸齋於金山寺。在水陸法會上懸挂水陸畫代表法會邀請的對象。水陸畫分上堂及下堂，上堂邀請的有諸佛、菩薩、聲聞、緣覺、明王、金剛及護法諸天等，下堂是六道衆生。

　　此堂水陸畫，共計一百三十九幅，其中包括清代（1644–1911）重裱題記二幅和水陸緣起圖一幅，其餘一百三十六幅爲明代（1368–1644）原作，内容包括諸佛九幅、菩薩十幅、明王十幅、十六羅漢八幅、面燃鬼王像一幅、其餘畫天界、地府、往古衆生等。除佛菩薩及面燃鬼王外，每幅畫面均標明畫作名稱及懸挂順序。

　　畫中以超度往生衆生爲主題的雇典婢奴、饑荒餓殍、弃離妻子、枉濫無辜、赴刑都市、兵戈盜賊、軍陣傷殘、水飄蕩滅等，旨在説明人生是苦、無常、勸人皈依三寶，并反映當時的某些社會現象，具歷史及藝術價值。如火梵屋宇軍陣傷殘等衆圖，描寫殘軍敗將弃甲曳兵而逃；近景爲焚燒的房舍，一片火海中三人被困挣扎，反應了戰争的殘酷；雇典婢奴弃離妻子孤魂衆圖，表現遭休弃的妻子和被典賣的奴婢其悲慘遭遇；兵戈盜賊諸孤魂衆圖，表現士兵濫殺無辜及強搶民女的情形。

　　此堂水陸畫均以細絹爲地，畫中人物造型豐滿，比例准確，神態形貌刻畫生動。描繪臉部、手指、毛髮及衣帶等細部的不同質感，綫條清晰，毫髮畢現。畫中籍裝飾綫條的疏密及比例的大小，強調人物的主次關係。服飾以明代爲主。敷色鮮明，以紅緑強烈的對比色，體現明代人物畫風格；白綫用哈粉繪成，至今明亮如新。畫面所繪人物衆多，皆以工筆重彩繪製，同時使用泥金技法，富麗堂皇。

十六、大足石刻孔雀明王菩薩

孔雀明王，漢譯有"摩訶摩瑜利羅闍""佛母大孔雀明王"等名。此尊相傳爲毗盧遮那佛或釋迦牟尼佛的等流化身。密號爲"佛母金剛""護世金剛"。在密教中，有爲息灾、祈雨、止雨或安産而以孔雀明王爲本尊而修者，稱爲"孔雀明王經法"，又稱"孔雀經法"。爲密教四大法之一。

孔雀明王出現的初始因緣，據《孔雀明王經》所載，是佛陀在世的時候，有一位比丘遭到毒蛇所螫，痛苦難當。阿難尊者向世尊稟告之後，佛陀就宣説了一種可祛除鬼魅、毒害、惡疾的陀羅尼真言。此陀羅尼就是孔雀明王咒，這也是孔雀明王及其陀羅尼爲世人所知的開始。

另外在經中，佛陀同時也宣説了因誦持孔雀明王咒而得免去灾難，重獲安穩的故事。相傳在久遠以前，雪山有一金色大孔雀王，平素持誦該咒甚勤，因此恒得安穩。有一次，由於貪愛逸樂，與衆多孔雀女到遠地山中嬉游，一時忘了持誦該咒，因此遭到獵人捕捉。幸而他在被縛之時，及時恢復了正念，持誦孔雀明王咒，終於解脱係縛，得到自由。

一般明王多現忿怒相，而孔雀明王，則形象莊嚴，慈藹可親。常見身相多作白色的身形，穿着白繒的輕衣，凌風飄然，身上頭冠、瓔珞莊嚴，乘金色孔雀王，并結跏趺坐，坐在白蓮花或青蓮花上。其相貌慈悲，一般具有四臂：右邊的第一手持着開敷的蓮花，代表着敬愛；右第二手持着俱緣果，代表着調伏；左邊的第一手當心持着吉祥果，代表增益；左第二手持着孔雀尾代表息灾。而其孔雀坐騎上的白蓮座是表示攝取慈悲的本誓，而青蓮座則代表降伏之意。由孔雀尊形象中所顯露的意義，可知此尊具有敬愛、調伏、增益及息灾四種妙德，能滿足一切的願望。而其以能啖食諸毒蟲的孔雀爲坐騎，更象征了此尊能啖盡衆生一切五毒煩惱。

十七、十二圓覺菩薩

圓覺，是圓滿覺性的意思，就是指修行得道，功德圓滿，也就是説斷絕了一切煩惱妄想，對世間一切事物、道理大徹大悟，就能往生清净佛國，即身成佛。

唐代著名僧人佛陀多羅所譯的《圓覺經》中記載：十二位菩薩依次請求佛祖開示修行的法門，佛祖一一耐心地作了解答。由於十二位菩薩請教的是大乘佛法圓滿覺悟的清净境界，修行的法門是直接成佛的大道，因而稱之爲十二圓覺菩薩。這十二位大菩薩的名稱分別是：

1.文殊師利菩薩；2.普賢菩薩；3.普眼菩薩；4.金剛藏菩薩；5.彌勒菩薩；6.清净慧菩薩；7.威德自在菩薩；8.辨音菩薩；9.净諸業菩薩；10.普覺菩薩；11.圓覺菩薩；12.賢善首菩薩。

文殊、普賢、彌勒，我們有過介紹。第三位是普眼菩薩，是觀音菩薩的另一名稱，佛經中稱贊她慈眼普觀一切衆生，所以叫普眼菩薩。第四位是金剛藏菩薩，是賢劫中十六聖者之一。佛經記載：在過去莊嚴劫有一千位佛出世，其中以燃燈佛爲代表，稱爲燃燈古佛；現在世賢劫中也有一千位佛出世，以釋迦牟尼佛爲代表，稱爲釋迦諸佛；未來星宿劫中也有一千位佛出世，以彌勒佛爲代表，稱爲彌勒諸佛。密教稱賢劫十六佛（菩薩）爲千佛中地位最高的護法神。金剛藏菩薩爲十六尊之一，有時示現爲忿怒身，手持金剛杵用以降伏諸惡魔，又稱爲金剛藏王，他還是密教五方佛中東方阿閦佛的四位護法神之一。

餘下的諸位大菩薩分別代表不同深刻意義。

清净慧菩薩：代表脱離一切煩惱，六根清净，六根指眼、耳、鼻、舌、身、意，全都清净無染，自在無礙，從而獲得佛法智慧。

威德自在菩薩：代表有大威勢，足以降伏所有惡魔，有大慈德，可以救助一切煩惱衆生。

辨音菩薩：代表擅長用法音、慧音宣講一切佛法智慧，解脱惡因、惡果的輪回往復。

普覺菩薩：代表深刻理解了衆生的生死苦樂，按照佛所教化的智慧，利樂衆生，走上覺悟解脱的道路。

圓覺菩薩：代表覺行圓滿，自利利他，永遠斷除無明煩惱，即身成就佛道。

賢善首菩薩：代表按照佛的教化修行，以善爲師，化導衆生，賢能爲人，利世濟衆。

十二圓覺造像今天并不少見，除杭州靈隱寺以外，在四川大足也有一處聞名於世的十二圓覺造像，即大佛灣圓覺洞。洞窟内主像爲三身佛，位於正壁中部，三身佛的兩側壁前，各刻有六尊菩薩。這些造像爲宋代作品，刻畫細膩，造型優美，裝飾性極强。整個圓覺洞就是一件大型的石雕藝術珍品。洞中的十二位菩薩即爲十二圓覺菩薩。

此畫册中選了兩組十二圓覺菩薩。

一五三、十二圓覺之二　普賢菩薩

一五四、十二圓覺之三　普眼菩薩

一五六、十二圓覺之五　彌勒菩薩

一五八、十二圓覺之七 威德自在菩薩

一六四、十二圓覺之一　文殊菩薩

一六六、十二圓覺之三　普眼菩薩

一六七、十二圓覺之四 金剛藏菩薩

一六九、十二圓覺之六　清淨慧菩薩

一七○、十二圓覺之七　威德自在菩薩

一七二、十二圓覺之九　浄諸業障菩薩

十八、韋馱菩薩

"韋馱天"是濕婆和雪山神女的大兒子，原名叫"塞健陀"，意思是"陰天"。在印度教中，他的形象是六頭十二臂的戰神，坐騎是一只孔雀。不過在中國，老百姓習慣將他稱呼爲"韋馱菩薩"。

《道宣大師天人感通傳》裏記錄了道宣大師遇見天人的故事。有一次，道宣律師正在打坐，一個天人突然下界來敬禮道宣。這個天人説自己叫王蟠，是南天韋馱將軍麾下的使者。將軍乃諸天之子，統領鬼神，平日事務繁忙，盡心竭力維護三洲之佛法。

佛經中説，這個大千世界分爲四個洲，即東勝神州、南瞻部洲、西牛賀洲和北俱盧洲，中國處於南瞻部洲。南瞻部洲的梵文名叫"閻浮提"，因此我們生活的這個地方也叫"閻浮提"。在這四個大洲中，以"北俱盧洲"最强勝，這裏的百姓衣食無憂，壽命都達到上千歲，因此那裏沒有佛法。

另外，這個天人還舉了一個例子：釋迦佛剛圓寂，諸天神和天王便聚在一起商量遺體火化之事，大家決定將收取的舍利建塔供養。這時帝釋天拿着七寶瓶過來説，佛陀生前答應給自己一顆佛牙，得到衆天神的允許後，帝釋天便取下佛牙，准備拿到住處忉利天建塔供養。誰知帝釋天身邊躲着一個捷疾鬼，他乘人不注意，居然偷走了佛牙，見此情形，韋馱天立刻奮起直追，不一會兒就抓住了捷疾鬼，取回了佛牙。這個壯舉贏得了諸天王的一致讚揚，大家覺得韋馱天能驅除邪魔，保護佛法，於是令他保護釋迦墳墓，隨時擊退那些企圖盜掘舍利的人。同時，韋馱還承擔了保護三洲出家人的重任。

韋馱天還有另外一個出處。四大天王手下各有八大名將，相傳南方增長天王手下有一名大將叫韋琨，他同時也是三十二將之首，此人天生聰慧，早早便悟道昇天，脱離了凡塵，因此佛祖特意囑咐他，護持三洲的佛法。

不管韋馱天和韋琨是否是同一個人，在中國唐代以後，這二者便逐漸融合成了一個人，尤其在道宣律師將韋馱將軍護持三洲、追回佛舍利的事廣泛宣傳之後，中國就逐漸形成了一條規矩，只要建佛寺，一定會供奉韋馱天。

現在，不管你到哪座寺廟，進入山門之後就是天王殿，天王殿中是大肚彌勒佛，兩旁分列着威武雄偉的四大天王，在彌勒佛身後，立着一個威風凛凛的武將，他就是韋馱天。韋馱的形象一般是身穿甲冑的武將，體格魁偉，但面部宛若孩子，這表示他不失赤子之心。

韋馱的武器是金剛杵，這和他原來是印度的戰神不無關係，在印度教徒心中，金剛杵是最堅固的兵器。到了佛教中，金剛又衍生出"金中最剛"的意思，説他堅固鋭利，能摧毀一切，成爲牢固、不滅的象徵，金剛杵在佛教密宗中變成了斬斷煩惱、降妖除魔的法器。

如果人們細心，還能發現韋馱有兩種拿着金剛杵的姿勢：一種是雙手合十，金剛杵橫放於二肘間，兩足平立；一種是左手握着金剛杵拄地，右手叉腰，左足稍稍向前，注視着出入的人。對於那些游方僧人來説，這兩個姿勢可有大秘密。如果韋馱雙手合十，金剛杵橫放於二肘，説明這個寺廟爲接待寺，不管是出家人還是在家修行的居士，都可以大搖大擺地進去"挂單"。挂單，佛教用語，簡單説，就是白吃白喝。如果是第二種姿勢，情形就不同，那説明此寺廟并不留住那些白吃白住的人衆。

十九、伽藍菩薩

伽藍是梵文，音譯爲“僧伽藍”或“僧伽羅摩”的略稱，意譯爲“衆園”“僧園”或“僧院”，亦即佛教寺院。

關羽進入佛教寺院，并在佛教寺廟整體規劃中專門建設伽藍殿，以關公爲伽藍殿主神護持佛法，這裏面還有一段曲折復雜的因緣。

寺廟中的伽藍殿早期供奉的中央是波斯匿王，左邊是祇多太子，右邊是須達多長者，殿内兩側是十八伽藍神。

須達多是梵文的音譯，意譯爲善施、善給等。他是中印度舍衛國城著名的大富長者，其爲人仁慈，樂善好施，特別憐憫貧困孤獨者，故人稱“給孤獨”。他皈依佛門後，一心想爲佛陀建一座精舍供養佛陀，并選中了祇多太子的花園，此花園十分清净廣闊，環境優美，非常適合佛陀講法及弟子們居住。須達多長者欲購祇多太子的花園獻給佛陀，太子開始并不同意，爲了使長者打消購園的念頭，太子隨意説了一句：“如你能以黄金鋪滿花園便賣給你。”不料，長者真的用大象馱來黄金進行鋪地。太子爲其誠心深受感動，遂將園中林木也一起奉施佛陀，故此寺院以其二人之合作命名爲“祇樹給孤獨園”。

波斯匿王是祇多太子的父親，與釋迦牟尼是同時代人，住在王舍城。波斯匿王最初暴惡無信，因屢受佛陀教誨而皈依佛教，并親率群臣百官到祇園精舍聽佛説法，護持佛教不遺餘力，是佛教史上第一位帝王護法。所以最早的佛教寺院中伽藍殿中三大護法是波斯匿王、須達多長者和祇多太子。十八伽藍神是古印度神話中的人物，各有一些來歷，後來被吸收到佛教的護法團隊，豐富了佛教殿堂。

關羽字雲長，三國人物，他生於東漢延熹三年的河東解縣（今山西運城市解州鎮常平村），十九歲時因得罪地方權貴，避難到了河北涿州，與劉備、張飛“桃園三結義”。跟隨劉備東征西討，歷盡艱辛，屢立戰功。

建安二十四年冬，關羽大意失荆州，退守麥城，被吴兵俘獲，斬首於漳鄉（今湖北當陽市）。孫權恐劉備復仇，將關羽首級獻給曹操。曹操刻沉香木爲軀，以王侯之禮厚葬關羽於洛陽城南；其正身，孫權以侯禮葬於當陽。

傳説關羽遇害後陰魂不散，在玉泉山頂大呼：“還我頭來！”震得山搖地動。在玉泉山結茅爲庵的普净禪師見是關公，感慨地説：“今將軍爲吕蒙所害，大呼‘還我頭來’，然則顏良、文丑、五關六將衆人之頭，又將向誰索要耶？”於是關公恍然大悟，稽首皈依而去，在玉泉山顯聖護民。鄉人感其德，就在山頂建廟，四時致祭。

據《佛祖統紀》記載：隋開皇十二年十二月，天台宗創始人智顗大師駐錫荆州，想在玉泉山創建弘法道場。一次，他打坐入定，十數天後，定中忽見關羽、關平，威儀如王，趨前致敬，自稱是當陽山之主。他們聽説智顗大師欲於山上建廟，答應襄助。七天後，智顗出定，一座宏偉壯觀的佛寺出現在面前，“湫潭千丈，化爲平址；棟宇焕麗，巧奪人目”。於是大師率弟子進駐新刹，智顗又入定爲關羽等人授了五戒。大師將定中情景講給弟子們，弟子將此記録下來，於是“神之威德，昭布千里，遠近瞻禱，莫不肅敬”。關羽既受五戒，智者言於晋王，廣上其事，賜以佳名。從此關公遂爲伽藍神矣。玉泉山上玉泉寺大雄寶殿右側的護法神殿内，供奉着高達丈餘的關羽神像，兩側侍立着關平、周倉。此後，凡建寺廟，關羽塑像便自然而然地成爲了佛教寺院的伽藍菩薩了。

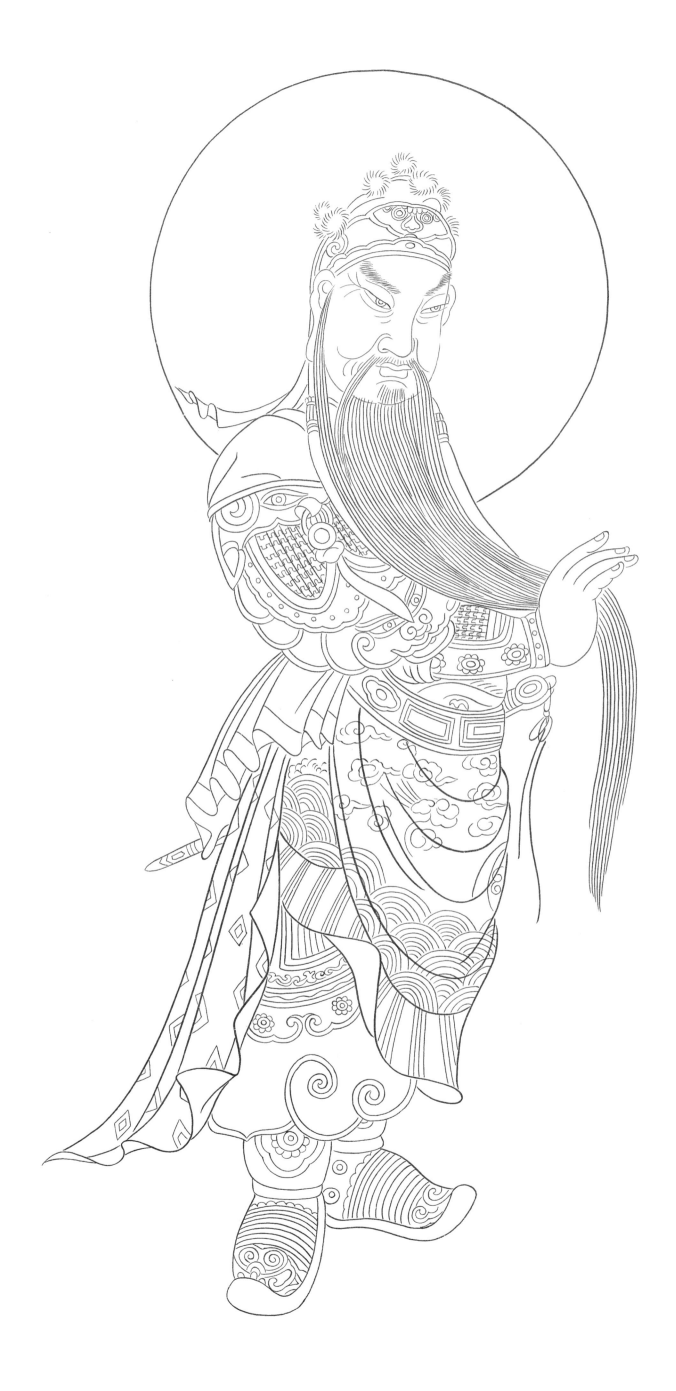

二十、四大天王之一　東方持國天王

持國天王：梵名"Dhrt—arastra"，音譯爲"提頭賴吒""提多羅吒"等，又稱爲"治國天""安民天""順怨天"。由於此天王護持國土，保護、安撫衆生，所以稱爲"持國天"，又稱爲"東方天"。爲四大天王之一，及十六善神之一。

東方持國天王能護持人民無諸病苦、無諸魔障、無諸煩惱、增長智慧、延年益壽、財寶豐盈、受用無盡、一切自在、所作成就。持國天住於須彌山東面半腹的由乾陀山，其所住地爲賢上城，有七重欄楯、鈴網、行樹及七寶等瑰麗裝飾，景色殊勝。

據《起世經・四天王品》中記載："須彌山東面東腹有山，名由乾陀。山頂去地四萬二千由旬。其山頂上有提頭賴吒天王城郭住處，城名賢上。縱廣正等六百由旬。七重垣墻、七重欄楯、七重鈴網，復有七重多羅行樹，周匝圍繞雜色可觀，悉以七寶而爲裝飾。所謂金、銀、玻璃、頗梨、赤珠、碑碟、瑪瑙等之所成就。"

持國天率領乾闥婆及毗舍闍神將，受佛囑咐，守護東方國土，爲護世的善神。據《大集經》記載，佛陀曾囑咐他護持閻浮提東方世界。當時天王也隨即應允，率領一切眷屬保護閻浮提東方的世間，使衆生能安居樂業，行於正法。

持國天的眷屬，依《長阿含經・大會經》中説："復有東方提頭賴吒天王領乾沓思神有大威德，有九十一子盡字因陀羅，皆有大神力。"

在《大方等大集經・提頭賴吒天王護持品》中記載，佛陀告訴樂勝提頭賴吒天王言："妙丈夫！此四天下閻浮提中，東方第四分你應當護持。何以故？因爲閻浮提是諸佛興盛處，所以你應當最上護持。過去諸佛已曾教你護持養育東方閻浮提衆生，未來諸佛亦是如此。"

這時，樂勝提頭賴吒天王秉白佛陀："世尊！如是如是，大德婆伽婆！過去諸佛囑咐安置護持養育，亦教我等護持東方閻浮提界，就如同現今世尊教我安置東方世界一般。我應當深心頂戴，敬受於諸佛正法，護持閻浮提東方第四分。并且令我諸眷屬大小也護持，於三惡趣皆得止息，於三善道皆悉熾然行持。"

持國天王承受佛陀的囑咐，護持東方國土的衆生，關閉一切惡事，行一切善行。因此，如果有匱乏者，誠心向東方天王祈願，天王皆能滿足其心願。

東方持國天王，其身白色，持琵琶、守護八佛的東方門。

二十一、四大天王之二　南方增長天王

增長天王：梵名"Virudhaka"，漢譯爲"毗樓勒迦天"，又稱爲"毗樓多天""毗樓勒叉天"，意爲"增長天"，爲四大天王之一。十二天王之一，十六善神之一。

其居處在須彌山的琉璃埵的善見城中，其地縱廣六千由旬，有七重欄楯、羅網、行樹及七寶等裝飾，而且衆鳥和鳴，景色端麗。

增長天王率領"鳩盤荼""薜荔多"等鬼神，守護於南方，能折伏邪惡，增長善根，在南方承擔護持正法的使命，爲護法之善神，所以又稱爲"南方天"。由於他能令衆生善根增長，所以名叫"增長天"。又在東、西、南、北方中，南方象徵增益的特性，能增長萬寶，所以也稱爲"增長天"。增長天王不但守護人民遠離災障、煩惱、更能護佑衆生財寶充盈，受用無盡，增長智慧壽命。據《大集經》卷五十二所載，佛陀曾囑咐增長天，此閻浮提是諸佛興盛之處，因此你應當最上護持。過去諸佛已曾教你護持養育，未來諸佛也是如此。以及你的孩子、一切眷屬、大臣軍將、夜叉羅刹，皆當令其護持此間。你也應該使其對佛法生起敬信，共同護持閻浮提南方。

關於增長天王的形象，有種種不同的說法。有些書上所描述的是赤肉色忿怒形，甲冑上着天衣，右手握劍，左拳置胯上，交腳而坐。左方有鬼形使者，呈黑肉色，大忿怒形，以二手擎劍跪在天王前側。有些書則說左手握刀，右手持稍，此種形象象征的是折伏邪惡、增長善根的意思。

四大天王的信仰，自古以來極爲盛行，在中國及日本均存有許多遺品，其形象亦各有不同。而各寺造像中，增長天王手中的持物亦有不同。如浙江省天台山萬年寺惣門中，天王手持琵琶；太白山天童寺天王殿的增長天王像，手持劍；普陀山普濟寺天王殿之像，手持蛇；普陀山法雨寺天王像，手持傘；湖北省武昌寶通寺天王殿之像，手持傘及塔；漢口歸元寺天王像，手持琵琶。

二十二、四大天王之三　西方廣目天王

　　廣目天：梵名"Virupaksa"，"廣目"又名爲"西方天"，音譯"毗留博叉""毗樓羅刹"，意譯爲"廣目天""雜語主""非好報"等。爲四大天王之一，十二天之一，十六善神之一，居處在須彌山的白銀埵，爲守護西方的護法善神。

　　廣目天王常以清净天眼觀察護持閻浮提衆生，守護一切衆生遠離種種惡事，所住之處在須彌山西方的周羅善見城。該城嚴净瑰麗，景色殊勝，如同其他三王天住處。

　　此天王率領無量天龍及富單那諸神眷屬，守護佛法。此天王亦爲諸龍之主，據《佛母大孔雀明王經》卷上所説："此西方有大天王，名曰廣目，是大龍王，以無量百千諸龍而爲眷屬，守護西方。"其所司之職在於對治惡人，令其受苦并生起求道之心。

　　依《大集經》記載，佛陀曾囑咐廣目天王護持閻浮提洲的西方世界，囑彼率領其子及獅子、獅子髮等八位諸龍軍將，西方十六天神、三曜七宿、諸天龍鬼等眷屬，共同負起護法責任。佛教徒對此天王的崇敬，也與"持國""增長"相同，很少單獨供奉，通常都以四王天之一的身份，與其他三尊共同地受人們奉祀。

　　相傳廣目天王是由"大自在天"化身，由於前額有一目，因此稱爲"廣目"。不過後世流布的此尊形象，都未見此形象。其形象通常作赤色忿怒形。甲胄上着天衣，右臂持三股戟，左拳置胯上，面向左方，交脚而坐。

　　在中國，廣目天的造型有多種，如河北居庸關西南壁上所刻者，構圖頗爲雄勁，係元代中期所製作。其右手執蛇，屈左手按於胸前，左脚踏於惡鬼背上。左側立有裸體脅侍，持金剛杵。

　　而於敦煌千佛洞所發現者爲着色絹本，形象爲身披中國式革製甲胄，以天衣、金具飾體，右手持劍，左手支持劍中央，兩足踏於夜叉之上，眉間洋溢隽鋭之氣。

　　關於此尊的形象，諸説不同。依《陀羅尼集經》卷十一記載："毗嚕博叉像，身體作一肘，着種種天衣，嚴飾極令精妙，與身相稱，左手伸臂執稍，右手持赤索。"

二十三、四大天王之四　北方多聞天王

毗沙門天：梵名"Vaisravana"，四大天王或十二天之一。意譯"多聞""遍聞"，以"多聞天"之名最爲常見。

毗沙門天是閻浮提北方的守護神，護持佛法守護世間。毗沙門天的福德力名聞四方，所以名爲多聞天，被視爲財寶天王，在藏密中更被視爲財神本尊，能賜予無盡資財。在印度、西域、中國與日本等地，毗沙門天王都普遍受到供奉，爲著名的財神、福神。

毗沙門天王住於須彌山北方可畏、可敬、衆歸等三城。每個城各縱橫六十由旬，其中有七重欄楯、羅網、行樹等裝飾，全部都由七寶所形成，端嚴清净，衆鳥和鳴，景色殊麗。

毗沙門天有五位太子，分別是：最勝、獨健、哪吒、常見、禪祇；常有五大鬼神隨侍左右，分別爲：那闍婁、檀陀羅、醯摩拔陀、提偈羅、修逸路摩；另外還有二十八使者，爲其天界所屬。每逢半月二齋日及八日、十四日、十五日，毗沙門天等四天王敕諸使者巡行世間，觀察人民是否孝敬父母、尊敬沙門；婆羅門長老是否受齋戒及行布施。

使者巡行回報之後，天王如果聽聞人間惡行則不歡喜，若聽到行善則心生歡喜。十四日這天，四天王則遣太子巡行天下；而到了十五日這天，四天王親自巡察，然後到善法殿，向帝釋天王詳細稟告一切。

佛陀曾經囑咐毗沙門天王，在未來世邪見王毀滅佛教時，要大力護持佛法。毗沙門天王又具有戰神的性格，他的太子哪吒也都具有隨軍護法的願力。在四大天王中，北方毗沙門天王所受到的依止，特別的廣大興盛。因爲毗沙門天王不只是天神諸神中最爲熱心護持佛法，與佛教徒的關係最爲密切，而且對於佛法的修證，更是深入。因此，有人認爲毗沙門天王是大菩薩化現天王身，來擁護教化衆生的。毗沙門天王除了是正信佛法的保護者，有着無邊威武的力量之外，并且是密教增益法中的重要本尊。因此，毗沙門天王不只被稱爲多聞天王，更被視爲財寶天王，藏傳的密教行人更視之爲財神的本尊，能賜予無盡的資財。

毗沙門天王一般的造像都是神王形，通常都作披着甲胄戴冠相，右手持寶棒，左手仰擎寶塔，脚踏二鬼。毗沙門天王除了爲四天王之一外，亦被單獨尊崇，當財神供奉。

二十四、大梵天王

　　大梵天王是梵文 "Brahma" 的音譯。他是由印度教和婆羅門教的 "梵" 字觀念衍化而來的。"梵" 的意思是 "清净"、"離欲"，是不生不滅、無所不在的最高實體，是永恒的、無限的。梵天又叫大梵天，是創造神，即宇宙的最高主宰，創世主。他與保護神 "毗濕奴"、破壞神 "濕婆" 并稱婆羅門教、印度教的三大神，并爲三大神之首。

　　據成書相當於我國秦漢之際的婆羅門教法典《摩奴法典》和古印度史詩《摩訶婆羅多》等古印度典籍説，宇宙出自飄流在混沌中的梵卵，梵天本是梵卵中的金胎，在茫茫混沌中飄流了一年後，用意念神力將卵殼破爲兩半，一半爲天，一半爲地。天地間出現了氣體空間，以後又出現了水、火、土、氣、以太五要素，再以後出現了衆神、星辰、時間、高山、平原、河流，出現了人、語言、情欲、憤怒、歡樂、懺悔。最後梵天自身也一分爲二，一半爲男，一半爲女。他還創造了一切生物和妖魔。一切秩序都受梵天的控製，他自身就是一切存在的化身。

　　有關大梵天的傳説很多，這裏不打算詳述。自佛教産生後，梵天被吸收爲護法神，爲釋迦佛祖的脅侍。他又是色界初禪天之王，稱 "大梵天王"，是佛教天部護法神中重要的一位。

　　大梵天王造像有二臂相和四臂相。前者爲一面雙臂，手持蓮花、拂塵。也有三面雙臂相。四臂相則有四面，每面各有三目，手持蓮花、澡瓶、拂塵等，還有一手結無畏手印。佛教傳入中國後，梵天與其他佛教諸神一樣漸被漢化，在中國寺廟中，其形象多爲中年帝王，手持蓮花。在水陸畫中，大梵天王爲雍容華貴的中國帝王模樣，身後簇擁着輔臣。

二十五、帝釋天：（玉皇大帝）

帝釋天又稱"帝釋""天帝釋"，爲梵文"Sakra—denanam—Indra"意譯，音譯爲"釋迦提桓因陀羅"。其中"釋迦"的意思是"能"，是其姓，"提桓"意爲"天"，"因陀羅"意爲"帝"。帝釋原爲古印度吠陀神話中的一位大神，是《梨俱吠陀》中的主神，他能統治一切，被尊爲"世界大王"。

帝釋成爲佛教護法神後，被安排做了忉利天之主，居住在須彌山頂之天宮——善見城。須彌山本爲印度神話中的名山，是一座巨大無比的金山，是宇宙的中心，是日月星辰賴以轉動的軸心。須彌山的説法亦爲佛教沿用。傳説山高八萬四千由旬，相當於地球到月亮距離的三倍。

須彌山頂中央爲帝釋所住的帝釋天，四方又各有八天，共三十三天。據《俱舍論》卷十一稱，須彌山頂的四角各有一峰，上居金剛手夜叉，爲此天守衛。須彌山的四面山腰爲四天王天，住着四大天王，周圍又有七香海、七金山，再外環繞着咸海，咸海四周即四大部洲。

帝釋天爲欲界忉利天衆神之王，王宮的陳設自然也極其富麗堂皇，據説他的白色華蓋就有五由旬大，即直徑一百五十公里。

他身邊的侍女有二千五百個。帝釋天是天上和人間的道德維護者。如果天神違犯天規，他便予以懲罰；要是人間出現暴君，他也會去除暴安良。

在佛教中，帝釋天的最重要的職責是保護佛祖、佛法和出家人，在釋迦誕生和出城時，帝釋與梵天等神出現，向幼年、青年佛陀行禮；佛陀在菩提樹下修道時，惡魔向他進攻，擾亂他的禪思，帝釋吹響貝螺，保護佛陀；佛陀解除瘟疫時，他從旁協助驅逐惡鬼；佛陀有病時，他持鉢侍候；佛陀涅槃時，他又顯身，悲哀地念誦頌詩；他還保護佛陀的遺骨舍利子。

帝釋天形象爲頭戴寶冠，身上裝飾種種瓔珞，手持杖或杵。在中國寺廟裏，帝釋天多爲少年帝王形象，而且是男人女相。在水陸畫中，帝釋天完全是一副中國后妃模樣。

二三二、二十四諸天之六　增長天王

二十六、金剛密迹大將

佛國中有一種專事守護的金剛力士，數量很多，這是一些手執金剛杵護持佛法的天神。

金剛是梵文"Vajra"的意譯，音譯爲"嚩日羅""伐折羅"。金剛杵本爲吠陀和印度教神話中的粗棒、狼牙棒，是衆神之王因陀羅的武器。它由金、銅、鐵、岩石製成，有四角或一百個角，還有一千個利齒，十分厲害。金剛杵以金、銀、銅、鐵或硬木製成，長有八指、十二指、十六指、二十指不等，中間有把手，兩端有獨股、三股、五股、九股等刃頭。金剛杵曾作爲豐産的象征出現，它還曾是公牛生殖器的形象。到了佛教中，金剛則有"金中最剛"之意，成爲牢固、不滅的象征，以其譬喻堅固、銳利，能摧毀一切。原來的古印度兵器金剛杵，在佛教密宗中則用以表示堅利之智，爲斷煩惱、伏惡魔的法器。

金剛密迹，則是手拿金剛杵給佛擔任警衛任務的夜叉總頭目，又叫密迹金剛、密迹力士、秘密主。"夜叉"，在中國民間百姓心目中，是個極壞的形象，如"母夜叉""夜叉星"之類。其實，夜叉本爲印度神話中一種半人半神的小神靈，以"捷疾"著稱，并非惡魔。《大日經疏》卷一説："西方謂夜叉，爲秘密，以其身口意速疾隱秘，難可了知，故舊翻或云密迹。若淺略明義，秘密主即是夜叉王也。"

稱其爲"密迹"，是因其能聽到一切諸佛秘要密迹之事。密迹金剛還是顯貴出身。他本是法意太子，曾發誓説，皈依佛教後，"當作金剛力士，常親近佛"，以便"普聞一切諸佛秘要密迹之事"。最後，他終於當上了佛的五百金剛之首，被稱爲"密迹金剛"或"夜叉王"。其身份遠遠高過一般的金剛力士。後來，又從他身上分化出兩個金剛力士，專門把守山門，即中國人所稱的"哼哈二將"。

二十七、緊那羅王

緊那羅，亦叫真陀羅，從前翻譯爲“非人”“疑人”“疑神”，等等，從字面上來看，緊那羅長得像人，但他們頭上長了一只角，似人非人，似天非天，人們有些無法確定，因此叫疑神。

緊那羅有男有女，女性長得非常漂亮，而且能歌善舞，她們多半都會嫁給乾闥婆爲妻，或許由於這個原因，翻譯佛經的僧人後來將緊那羅譯爲“歌神”。

印度神話中，女緊那羅是水中精靈，長得非常漂亮、嫵媚的女人容顏，還有的擅長歌舞，使很多修行人爲她們動心。男的緊那羅則長得非常難看，有的是馬首人身，像是閻羅手下的馬面，但他們也擅長演奏樂器。在中國緊那羅的形象最早出現在少林寺，還有許多有關男女緊那羅的故事。

事實上，這個緊那羅王，就是佛教中著名的大樹緊那羅王菩薩，爲了護持佛門聖地，他專門下世來到人間。不過，盡管大樹緊那羅王達到了菩薩的境界，但他還是示現普通的緊那羅住在佛國净土裏，爲佛陀、菩薩們奏樂歌舞，他們甚至比不上乾達婆，因爲他們不會飛翔。

不管是在印度神話中，還是在佛教中，緊那羅的地位都不高，他們不是跟隨月神蘇摩去四方天神家裏做客、唱歌跳舞，就是給帝釋天奏樂起舞。雖然他們數目衆多，但只是一般的護法神。

好在藝術家們喜歡這些馬頭人身的緊那羅，在他們筆下，原來的狰獰面目逐漸變得眉清目秀，而且賦予了緊那羅飛天的能力。於是，現代人熟悉的緊那羅就成了體態俏麗的飛天形象。

二十八、摩醯首羅天神

大自在天是梵文"Maha—isvara"的意譯，音譯爲"摩醯首羅"，即"濕婆"，是印度教神話中的主神之一。濕婆的意思是"幸福""帶來幸福"。

《往世書》神話中記有許多濕婆的神話，他在書裏占有突出地位。這位大神有三只眼睛，使用一柄三股叉，頭上有一彎新月作裝飾，頸上纏着一條蛇，騎一頭大白牛。他是苦行之神，終年住在喜馬拉雅山上，妻子是雪山神女。他又是舞蹈之神，創造了剛、柔兩種舞蹈。他還有極大的降魔能力。

濕婆不是完全禁欲的出家人，他有妻子，還有兩個兒子。一個叫塞建陀，是個長有六頭、十二臂、騎着一只孔雀的戰神，擔當天神軍隊統帥。塞建陀後來也隨同佛教諸神來到中國，即著名護法神將韋馱。另一個兒子是象頭神伽涅沙。這個象頭神至今還受到印度人民的敬奉，人們在求事業順利時要向他禮拜。

印度教認爲"毀滅"又有"再生"之意，故表示生殖能力的男性生殖器"林伽"被視爲他的象征，很受信徒崇拜。印度密教中的濕婆教內即有性力派、林伽派。濕婆被吸收爲佛教護法天神後，被稱爲"大自在天"，住在色界之頂，是三千大千世界之主。大自在天比常人多一只"頂門眼"。頂門眼竪生在額頭，作用遠勝於凡眼。佛教認爲"眼"有五種，即凡夫的"肉眼"、天人的"天眼"、羅漢的"慧眼"、菩薩的"法眼"和佛陀的"佛眼"。大自在天的"頂門眼"屬"天眼"。《大智度論》卷五説："天眼所見，自地及下地六道中衆生諸物，若近若遠，若粗若細，諸色莫不能照。是天眼有二種：一者報得，二者從修得。"

佛法所説六種神通中，即有"天眼通"。"天眼通"徹底明了者，被稱爲"天眼明"，乃是佛的"三明"之一（另有"宿命明"和"漏盡明"）。可見"天眼"在佛法中的重要性。他的模樣有多種，有的被描繪爲有五個頭、三只眼、四只手或八臂，手中分別持三股叉、神螺、水罐、鼓，頭上有一彎新月作裝飾，坐騎是一頭大白牛。此畫像是衆多摩醯首羅像的一種。

二十九、散脂大将

散脂大将是梵文"Panika"的音译，又译作"散脂修摩""散支""半支迦"等，意思是"密神"。

散脂大将是北方毗沙门天王的八大药叉将之一。著名的八大药叉将爲：寶賢大将、滿賢大将、散脂大将、衆聽大将、應念大将、大滿大将、無比大将和密嚴大将。佛教中有四大天王，各有二十八部衆鬼帥神将的説法，其中散脂大将的地位最高，他統帥二十八部衆，巡行世間，賞善罰惡。散脂大将本領超衆，被大慈大悲的觀音菩薩請來做護衛，成爲千手觀音的二十八部衆之一。

關於散脂大将的來歷，有兩種説法：一是説他是鬼子母的兒子。《陀羅尼集經》説："鬼子母有三男，長名唯奢丈，次名散脂大将，小名摩尼跋陀"。另一説散脂大将是鬼子母的丈夫。《毗奈耶雜事》卷三十一説："半支迦（散脂）與鬼子母曾經指腹爲婚，長大後成親，還生了五百個兒子。"

散脂大将爲金剛神将模樣，手持鐵鉾（矛）。在水陸畫中，散脂大将爲一副威風凛凛的武将形象。

三十、大辯才天神

辯才天是梵文"Sarasvati"的音譯，又叫"大辯才天""大辯才功德天"，還有"美音天""妙音天"。所謂"辯才"，是指她善於巧説法義的才能。她的嗓音甜美，歌聲嘹亮，故稱"美音天""妙音天"。這是一位主管福德智慧的天神。

辯才天原名叫"夜密"，她是印度神話中太陽神的女兒。太陽神蘇利耶是世界上第一位凡人，他的妻子是薩拉尼尤，結婚後，薩拉尼尤生下一對龍鳳胎，就是兄長夜摩和妹妹夜密。

後來，夜摩成了冥王，夜密則成了沙拉斯瓦地河的河神。經過滄海桑田的變換，這條河現在已經干涸，不存在了，但夜密以辯才天的形象流傳下來，并成爲印度教中重要的女神。辯才天美麗聰慧，非常具有辯才，能將經中的道理淺顯易懂地説明白，并使人願意聽，因此，辯才天又名"大辯才天"，是智慧學問之神和雄辯技藝之神。

據翻譯的佛經來看，對這個以聰明和辯才而得名的天神，人們至今無法弄清楚其性別，有的説是男性天神，有的則説是女性天神。不過，現在的人們始終將其作爲女性天神供奉。

在一些作品中，辯才天的左邊立着雄獅和老虎，右邊站着豹子和狼。身後蹲着狐狸，前面圍繞着牛羊鷄。這些平日裏是死對頭的動物們，如今能够相安無事地聚在一起，目的就是爲了傾聽辯才天美妙的歌聲，它們如痴如醉，戀戀不捨，似乎永遠不想離開。

除了擁有美妙的歌聲之外，辯才天還代表了智慧和福德，只要信奉她的人能够按照《最勝王經·大辯才天女》中的法門修持，并在修持過程中不産生絲毫懷疑，就能够獲得天上的智慧，求財得財，求功名得功名，都能如願，而且能增長福德智能。

至於辯才天的形象，一般有兩種。一種是八臂像，因爲佛經中寫的明明白白："常以八臂自莊嚴"。壁畫中的辯才天爲菩薩相，兩目八臂，頭戴寶冠，身配八飾，袒胸赤脚，紅裙綉有描金葵花。八臂，中間兩臂雙手合十，其余六只手分別拿着火輪、弓、箭、刀、金剛杵和繩索。另一種普通的二臂像，雙手拿着琵琶，作彈撥狀。如果説前一種形象和她的生活特性有關，那么後一種則完全是根據辯才天擅長音樂而塑造的。

三十一、大功德天神

大功德天，即吉祥天女。本爲婆羅門教、印度教所信奉之神，後被佛教吸收爲護法神。大功德天爲梵文"Mahasri"的意譯，音譯爲"摩訶室利"，"摩訶"意爲"大"，"室利"有二義：功德和吉祥，合起來即"大功德""大吉祥"。

大功德天是婆羅門教、印度教的吉祥女神、幸福女神。佛教傳説她父親是龍王德叉迦，母親是鬼子母，又是毗沙門天王之妹，因毗沙門兼任婆羅門的財神，所以她也是財富女神。又稱她功德圓滿，并有大功德於衆，故還是位大功德神。吉祥天女長得十分漂亮，她又是一位美麗女神。

關於她的來歷，有幾種説法。除説她是龍王的女兒外，有的印度神話還説她是印度教的一位智者，七大仙人之一苾力瞿的女兒。還説在天神和阿修羅（惡神）攪乳海時，吉祥天女坐於蓮上手持蓮花出世，又得了個"乳海之女"的名字。還有的神話把她説成是三大神之一保護神毗濕奴的夫人。

在中國寺廟中，吉祥天女的形象端莊美麗。她多爲后妃裝束，兩隻手（或四隻手）一手持蓮花，一手灑金錢，有兩只白象伴護，這是吉祥的象征。她的寶座是蓮花，坐騎是金翅鳥和猫頭鷹。此拿如意的貴夫人樣是根據余鐘韵先生的畫面所繪。

二三〇、二十四諸天之十四　韋陀天將

三十二、梓潼帝天神（又名：北極紫微大帝）

中天紫微，北極太皇大帝，是道教四御中的第二御。人們眺望夜空時，會看到天上繁星似錦，星羅棋布，其中北方有個北極星，共有五顆，又名“北辰”“天樞”。古代將天上的恒星分爲三區，稱“三垣”，即紫微垣、太微垣、天市垣。紫微垣又名紫微宮、紫垣、紫宮，是上帝之所居，太微垣被説成是宰相三公，天市垣被説成是地上州國分野。北極五星、勾陳六星皆在紫微垣中。人們又稱“北極”爲“紫微”，以其爲帝王星，其他的星都以它爲中心進行有序地運行。“北斗環繞北極，猶卿士之周衛天子也。天象皆爲尊卑相正之法。”人們認爲北極星相當於人間天子，圍繞它運行的衆星相當於唯天子命而動的大臣、臣民。《史記·天官書》也説，中官的北極星即是太乙的居所，其左右星即三公，其後四星即正妃和后官，周圍十二星乃藩臣。道教吸收民間天人感應説法，便以北極星爲雛形，設立了紫微北極大帝這一道教星神的名稱，并説紫微北極大帝是元始天尊的第五化身，爲萬星之宗主，三界之亞君，次於天，上應元氣是爲北極紫微大帝，統帥三界之星和鬼神，因此衆多的神靈都是紫微大帝的屬下，都要對紫微大帝行叩拜大禮，連山川諸神也要覲見、參拜他。紫微北極大帝掌握着五雷神，可以隨心所欲地呼風喚雨，役使雷電。紫微北極大帝位居天的中央，協助玉皇大帝執掌天經地緯、日月星辰和四時氣候。也就是説，紫微北極大帝爲掌管以太陽、月亮爲首的衆星之星主，統帥諸天，是一切現象的宗主。由此可見，他是僅服從玉皇大帝之命，統治衆星和自然界的最高神。因此，即使尊貴如北斗，作爲神的地位却仍然要比紫微北極大帝低得多。説得具體一點，北斗是太乙之車，身穿紫服，侍奉於紫微大帝的左右。北極是主，北斗是僕。紫微北極大帝的生日是農曆四月十八日，這一天，衆多的老百姓都要向紫微北極大帝焚香禱告，祈求消灾招福。

佛教進入中國後，最初在諸天護法之中，只有二十諸天，一直到明代北京法海寺所畫的壁畫中還是二十諸天王像，在明代以後出現的二十四諸天中才把北極紫薇大帝收在其中。這大概與歷代帝王護持佛教有關。

三十三、菩提樹神

　　菩提樹神，即守護普提樹之天女。菩提樹完全是由於釋迦牟尼的功德而得名。"菩提"是佛教名詞，爲梵文"Bodhi"的音譯，意爲"覺""智"。指對佛教"真理"的覺和悟，舊譯爲"道"，指通向佛涅槃之路。凡是斷絕世間煩惱、大徹大悟而成就"涅槃"之智慧，即"無上智慧"，就稱"菩提"。所以菩提樹也可以叫作"覺悟樹""成道樹"。

　　傳說悉達多太子在菩提樹下不吃不喝，敷上刈草人送給他的吉祥草，開始打坐。他曾發誓言：如不成佛（即獲得最高智慧），絕不起來。於是在樹下坐了整整七天七夜，其間有風雨之時，樹神——一位天女即用枝葉爲其擋風遮雨。悉達多終於戰勝了魔王及其部衆的挑戰，當最後一個黑夜迎着晨曦消失之後，他豁然開朗，看到了生死輪回的永無窮盡和苦惱，逆觀了十二因緣，終於明心見性，大智徹悟——立地成佛了。

　　釋迦牟尼在此樹下得道成佛，此樹理所當然地成了"神樹""聖樹"，那位護樹的天女自然也就成了"樹神"，此樹也就被説成是"覺悟樹""成道樹"，梵文則叫"菩提樹"。那位天女則被稱爲"菩提樹神"。菩提樹神在釋迦牟尼成佛之前，即守護在他身旁，應該算是佛教的最早護法神。

　　菩提樹本名"蓽鉢羅樹"，爲常綠喬木，葉子卵形，莖干黃白色，樹籽兒可作念珠。原産印度，據説南朝梁時和尚智藥從天竺（印度）移植來中國，在我國雲南和廣東有種植。釋迦成道處叫"菩提伽耶"，意思是"證成正覺處"，在今天印度東北部比哈爾邦加雅城南十一公里處。此處現存的菩提樹傳説是原樹的曾孫，枝繁葉茂，濃蔭蔽日。樹下還有象徵草座的石刻金剛座。傳説佛成道離開草座，向北，東西行繞樹，一步一蓮花，計十八蓮花。南傳佛教國家的僧人常焚香散花，繞樹作禮，蓋源於此。

三十四、訶利帝哺天尊（鬼子母）

　　鬼子母又名"訶梨帝母"，"訶梨帝母"是梵文"Hariti"的音譯，又意譯爲"暴惡母""歡喜母"。"暴惡"名副其實，佛經《毗奈耶雜事》卷三十一説她"既取我男女充食，則是惡賊藥叉。"她以食人爲生，稱其爲暴惡母，理所當然。她之所以又名歡喜母，同書説此女出生時，"容貌端嚴，見者愛樂"，衆夜叉都很歡喜，大家一商量，就給她起名叫"歡喜"。又因其爲五百鬼子之母，故俗稱"鬼子母"。在佛經上，她又被稱作"訶梨帝藥叉女"。"藥叉"即"夜叉"，意思是"能啖鬼""捷疾鬼"，有時作爲一種惡魔出現，傳入中國以後，成爲惡鬼的代稱。民間常稱一些凶惡的女人爲"母夜叉"。不過，訶梨帝母這位母夜叉，模樣却極爲秀麗，佛經《大藥叉女歡喜母并愛子成就法》對她的畫像、塑像有詳細描繪："隨其大小，畫我歡喜母。作天女形，極令殊麗，身穿白色天繒寶衣，頭冠耳珰，白螺爲釧，種種瓔珞，莊嚴其身。"這么一位漂亮的女神，當初爲何依靠吃人爲生呢？在《佛説鬼子母經》《大藥叉女歡喜母并愛子成就法》等經書記載了訶梨帝母的成神傳説，往昔王舍城中有獨覺佛出世，爲設大會。有五百人各飾身共詣芳園。途中遇懷妊牧牛女持酪漿來，勸同赴園。女喜之舞蹈，遂墮胎兒。諸人等舍之赴園内，女獨止而懊惱。便以酪漿買五百庵没羅果，見獨覺佛，頂禮而供養之。發一惡願説："我欲來世生王舍城中，盡食人子。"

　　由此惡魔舍彼身，後生爲王舍城婆多藥叉長女，與健陀羅國半叉羅藥叉長子半支迦藥叉結婚，生五百兒。恃其豪强日日食王舍城男女。

　　佛以方便隱鬼女一子。鬼女悲嘆求之，知在佛邊。佛説："汝有五百子，尚憐一子，況余人只有一二耶？"乃教化之授五戒，爲鄔波斯迦（即優婆夷，指受五戒的在家女居士）。鬼女説："今後無兒可食者。"佛曰："勿憂。於我聲聞弟子每食次呼汝及兒名，皆使飽食。汝於我法中勤心擁護伽藍及僧尼。"鬼女及兒皆歡喜。

　　鬼子母因有痛失愛子的深切體會，在兒子失而復得并皈依佛教後，便發誓保護小兒，成爲婦女兒童的保護神。後人們又將鬼子母與婦女生育聯繫起來，視同中國的送子娘娘。

　　古代印度寺廟對鬼子母奉祀頗盛，常在門屋處或食櫥邊供養鬼子母以求福。鬼子母傳到中國後，多與其他十九天排列在大雄寶殿佛祖的兩側，作爲護衛天神。但中國百姓却愛將其視爲送子娘娘、送子觀音來單獨禮拜，對她的身世是不大了解的。著名的大足石刻北山一二二號窟即訶梨帝母窟。窟中所雕鬼子母完全漢化，是一中國古代貴婦人的形象：頭戴鳳冠，身着敞袖圓領寶衣，脚穿雲頭鞋，坐於中式龍頭椅上。左手抱一小孩，右手放在膝上。左右侍女各一。窟左壁刻一肥胖乳娘，抱一小兒，敞胸哺乳。全窟共刻小兒九個，有站有坐，或伸臂或屈腿，天真爛漫，栩栩如生。

　　歷代畫家喜歡以佛陀度化鬼子母的故事爲題材作畫。元代佛教畫家朱玉所繪《鬼子母揭鉢圖》長卷，是其中的傳世傑作。

三十五、摩利支天神

摩利支天也叫"摩利支提婆",意思是"陽焰"或"威光"。陽焰者,太陽燃燒時發放出的火焰;威光者,具有大威德之光明。如果一種光芒超過了陽光,就可以說,連太陽神也無法看見她。所以,在印度神話中,這個女神會隱身法,太陽也找不到她的身影。

在古印度,摩利支天就是豬面人身的光明女神"華拉希",被佛教吸收後,她變成了黎明女神,并列入天部,是帝釋天下屬。但很多時候,她依然隨着日宮天子——即太陽神蘇利耶,因此,我們可以從很多壁畫中發現她的身影。

由於摩利支天具備隱身的法術,因此武士特別信奉她。佛經中記載,如果有人想供奉摩利支天,就用金、銀、銅或檀木等材料塑造一個長一二寸或一肘的天女形。由此可見,摩利支天是一個身材嬌小的女神。

一般來說,摩利支天的塑像都是童女形,她左手屈臂向上,拿着天女所持之扇,扇中有一個"卍"字,右手自然下垂,掌心向外,兩邊各有一名隨侍天女。

另有一種像比較特別。這個摩利支天長着三頭八臂,臉色宛如太陽剛出來之時,穿着紅色天衣,身上挂滿了各種各樣的配飾,頭上戴着一頂寶塔,塔內是大日如來毗盧遮那佛。她左邊的四只手分別拿着索、弓、無憂樹枝和綫,右邊四手則拿着金剛杵、箭、針和鈎。她正面的那張臉孔十分正常,微笑着,仿佛一位慈眉善目的女菩薩;右邊的宛如一個小女孩,面似秋月,圓滿清净;左邊則是一個黑色的豬臉,長着巨大的獠牙,吐着舌頭,讓人覺得非常猙獰恐怖。不僅如此,這個摩利支天還經常站在豬車上跳三折腰的舞蹈,旁邊的觀眾是一大群野豬,後來可能考慮豬的形象太丑,因此很多作品就省略了豬車,僅僅在她腳邊放了一頭雄壯的野豬。

由於摩利支天有時以豬的形象出現,她的坐騎也是豬,因此有人大膽推測,摩利支天就是道教的北斗星君。至於到底是不是,現在還沒有定論。不過,由民間小說《西游記》演義的摩利支變成"天蓬元帥"豬八戒已家喻户曉,甚至名氣超過了會隱身的摩利支天。

三十六、日宮神（太陽神蘇利耶）

日宮天子源於印度古代神話中的太陽神"蘇利耶"。在婆羅門教，印度最古老的經典《梨俱吠陀》中，就有十首獻給太陽神蘇利耶的頌詩。

蘇利耶的人格化特征還不大明顯，大多把他看成是一只眼睛。他俯視人間，目光如電，明辨善惡。他生於東方，在歌聲中離開天門，去巡行天地，劃分白天和黑夜。太陽神傾泄光明，照亮世界，驅逐黑暗、疾病和敵人。蘇利耶用甘露治療世人的病疾。蘇利耶還是擎天柱，天要靠他來支撐。人們向他求財、求福、求壽、求子。在以後的神話中，太陽神蘇利耶逐漸成爲世界的保護神之一。

蘇利耶被吸收爲佛教護法神後，被稱作日天、日天子、日宮天子。異名寶光天子、寶意天子。佛經中稱其爲觀音菩薩之變化身，住在太陽中，太陽中有其宮殿——日宮。日宮規模其大無比，《立世阿毗論·日月行品》說："（日宮）厚五十一由旬，廣五十一由旬，周匝一百五十三由旬。是日宮殿，頗梨所成，赤金所覆，火大分多，下際火分復爲最多，其下際光亦爲最勝。是其上際金城圍繞。"

密宗則宣稱，大日如來爲利益眾生之故，住於佛日三昧，隨緣出現於世，破諸暗時，菩提心自然開顯。猶如太陽光照眾生，故稱爲"日天"。

日宮天子的形象，爲肉紅色臉膛，左右手各拿一枝蓮花，乘四馬大車。也有的手捧日輪，騎三至八匹馬（多爲五匹馬）。

在水陸道場所用的水陸畫中，日宮天子爲頭戴冕旒，雙手捧圭的男性帝王形象。

佛教中有三光天子的說法，指"日天子""月天子""明星天子"三者，又作"寶光天子""名月天子""普香天子"。《法華經玄贊》卷二稱，"三光"即指寶光、名月、普香三者。觀世音名寶意，爲日天子，即寶光天子；大勢至菩薩名寶吉祥，爲月天子，即名月天子；虛空藏菩薩，名寶光，爲星天子，即普香天子。這是用日月星配《法華經》中三天子的說法。

三十七、月宮神

月天又稱"月天子""月宮天子""大白光神"，還有"野兔形神"和"寶吉祥"，等等。

佛經中說日天是觀世音菩薩的化身，亦有月天是大勢至菩薩化身的說法，因大勢至菩薩原名即爲寶吉祥，所以月天也叫"寶吉祥天"。野兔形神這個名字則和釋迦牟尼佛有關。

釋迦佛本生故事中說，在很久以前，釋尊的前生是一只兔子，它有兩個好朋友，一個是狐狸，一個是猿猴。這三只動物都受過佛法的教誨，今次趣味相投，經常在一起探討修行之道。一天，帝釋天經過兔子的住處，看見三種不同的異類聚在一起，頭頭是道地談論佛法，不禁覺得很新奇，於是躲在一邊觀看。聽了一會，帝釋天發現他們說得頗有道理，便想考驗一下他們是否像說的那樣一心向佛。

帝釋天變成一個老者，慢慢地挪到三個動物面前，有氣無力地說："你們的生活過得很好嗎？有沒有擔心害怕的時候？"

兔子說："這裏的食物豐富，我們三個不缺吃的，每天吃飽之後，就結伴游玩，日子過得非常快樂安穩。""啊，我早就聽說有三個異類相處得很好，所以特地向你們來請教，但是我跋山涉水，眼下已經餓得走不動了，我已經三天沒有吃飯，你們能不能給我找點吃的？"

三個家伙看見老者的模樣，馬上一溜烟地跑了。兔子一邊跑一邊說："你等着，我們馬上就回來，"果然不出所料，狐狸和猿猴很快就回來了。狐狸嘴上叼着一條魚，猿猴手裏捧着幾個水果，老者高興極了，他一把拿過去大吃起來。沒過多久，兔子也回來了，它的模樣如同一個蔫茄子。老者一看，馬上明白了，故意說："你的食物呢？我還沒吃飽呢！"

兔子垂頭喪氣地說："我什么也沒找到。"老者接着又說："它們倆都給我找到了食物，只有你空手而回，可見你沒什么誠意。"聽到老者的譏諷，兔子便對兩個好友說："你們幫我去找些柴草，越多越好。"狐狸奇怪地問："你要柴草干嘛？"老者和猿猴也在一旁奇怪地看着兔子，只見它平静而堅定地說："你就別問了，反正我有用。"於是，狐狸拔草，猿猴折樹枝，幾分鐘的功夫，地上就有了一大堆。

兔子捋了捋身上的毛，他一邊點燃柴火，一邊對老者說："讓您見笑了，我沒有找到食物，現在我就把自己烤熟，希望能讓您飽餐一頓。"說完，兔子縱身跳入火中，大火很猛，兔子馬上就斷了氣。

就在這時，老者迅速恢復了原形，他收拾了兔子的殘骸，感嘆道："真沒想到，你居然有如此大的勇氣，既然你一心向佛，那就到月宮中去繼續修行吧！也好讓後人以你爲榜樣，皈依正道。"

就這樣，兔子的靈魂升入月輪之中，從此變成了月宮天子，由於它的前身是兔子，故又稱"野兔形神"。

三十八、星宮神（東岳大帝）

東岳天齊仁聖帝簡稱"東岳大帝"，他是盤古皇的後代玄英氏的孫子，玄英氏的兒子叫金輪王，妻子彌輪夫人夜夢口吞兩個太陽，遂生二子，一名金蟬氏，一名金虹氏。二子秉承先祖之靈，喜修道，俱修成正果。金蟬氏得道後成爲東華帝君，金虹氏即東岳大帝。金虹氏用功在長白山中，至伏羲氏，封爲太歲，爲太華真人，掌天仙六籍，遂以"歲"爲姓，諱"崇"。至神農朝，賜天符都官，號名"府君"。至漢明帝封泰山元帥，以後歷朝皇帝親往泰山"封禪"時均予褒封，封號爲"東岳大生天齊仁元聖帝"。東岳大帝執掌東岳泰山府，他主管人世居民貴賤高下之分，禄科長短之事及十八地獄六案簿籍，七十五司生死之期，權勢極大。凡一應生死轉化入神、仙、鬼，俱從東岳勘對，方可施行。東岳大帝雖執掌多門，但民間信仰中多數人認爲東岳大帝主要的職責是主管陰間冥府。東岳大帝所掌管的陰曹地府有如人間的官府，他手下設置了十分龐大的陰府官僚機構，這些機構負責處理陰間的各種事務。薰里趙相公，是東岳輔相，輔佐東岳大帝掌管冥府，上呈天庭的奏疏及岳府頒布的各種政令多出自趙相公之手。東岳十太保，溫、康、楊、孟、李、鐵、劉、張、岳、朱，是東岳大帝的得力將佐，有各種神通法力，執行岳府政令雷厲風行。各境城隍、土地均聽令於東岳大帝，負責拘捕人犯、驗明正身之事。十殿閻王，負責冥府具體事務，人死後由其審定核實生前功過，然後據此將人犯發配往該去的地方，善者升天堂，惡者下地獄，秉公直斷，毫厘無私。閻王手下又有無道將軍、四大判官、十大陰帥以及黑白無常、牛頭馬面等。這些冥府機構設施像金字塔一樣，一層層構築而成，塔的頂端就是東岳大帝。地藏王菩薩、鄷都大帝同樣是陰府的主宰，但這裏沒有主從關係，而是信仰的歸屬問題。地藏王主冥是佛教的說法，鄷都大帝掌幽是道教的説法，東岳大帝爲冥司之主則是民間信仰中的自然崇拜，因爲其信仰日益擴大，最後被佛道教所吸收，其影響力最後超過了鄷都大帝。

三十九、娑羯羅龍王

娑羯羅龍王"Sagara—nagaraja"，長須濃密，神通廣大，在佛陀的教誨下忠於職守，娑羯羅之所以成爲排列第三的龍王，主要是因爲他有一個特別有出息的女兒——龍女。龍女不僅即身成佛，而且成了觀音菩薩的右脅侍，娑羯羅龍王也父以女貴，成爲第三大龍王。

娑羯羅，也叫娑伽羅，意思是咸海，因爲他住在咸海中，由此而得名。娑羯羅龍王能於一念之間布密雲，下甘雨，有菩薩境界，自古以來他就是降雨龍神。人們祈求雨水時，一般都會供奉他。在大海的深處有一城市叫"戲樂"，這裏是龍王的宮殿。龍宮由七寶構成，裏面遍布着各種華池、流水和林園，這裏的美景絲毫不遜於天宮。據說龍王的宮殿中珍藏着四種寶珠，大海內所有的珍寶都是由它們變化出來的。不僅如此，龍宮內還供奉着佛舍利、佛經等法寶，如果說其他寶貝不算什麼，這些法寶却不是輕易就能弄到的。所以說，龍王是海裏的富豪。另外，宮殿中會定時涌出琉璃顏色的水，注入大海，這就是人們見到的海潮。

在寺院中，娑羯羅龍王的形象爲黑龍，頭上有半月裝飾，左手執赤龍，右手握刀，非常威武。有時候則將龍身纏繞在一把劍上，據說這把利劍是藏傳佛教中不動明王的寶物，因此，人們也將娑羯羅和不動明王視爲一體，叫"娑羯羅不動明王"。

娑羯羅龍王率領着自己的龍族，兢兢業業地鎮守在崗位上，堪稱是個好護法神，也正因爲如此，當其他龍衆成爲金翅鳥的食物時，只有這幾個大龍王能幸免於難。

四十、閻摩羅王

閻摩羅王這個名字，中國許多人感到十分陌生，但一提起他的中國名字——"閻王"，則中國人幾乎無人不知，無人不曉了。

過去在中國民間和世界上許多民族中，有一種十分流行的說法：這個世界劃分爲三個空間，即天間、人間和陰間。天間是玉皇大帝和各位神仙的樂園（在西方則被説成是天堂）。人間世俗中成仙得道，修行到家者也能升天享天福。但世俗中的絶大多數人并没有這種福氣，死後多數都得去陰間報到。陰間的最高主宰，按中國的説法則是東岳大帝，地藏王和閻王。其實，要論知名度和威嚴，東岳大帝和地藏王在民衆中的影響遠遠趕不上閻王。

東岳大帝雖被安排爲閻王的上司，但這不過是名義上的，大權掌握在閻王手裏。同樣，地藏王的地位雖也比閻王高得多，但他是位"摇橄欖枝"的菩薩，專管教化，可親可敬，不像"拿大棒"的閻王爺令人膽寒。

閻王和某些陰間信仰與外來的佛教，它們所以能很快地爲中國民衆所接受，并産生巨大影響，這與中國古代傳統文化的鬼神信仰有密切關係。

中國的閻王源於印度佛教，閻羅王是佛教護法神團二十四諸天之一。但閻羅王也并非佛教所固有的，佛教的閻王則源於古印度的民間信仰和印度教。閻羅王崇拜在印度也經歷了一個漫長的演變過程。

閻羅王又作閻摩。印度最初出現的閻摩形象，是在印度最古老的詩歌集《梨俱吠陀》中作爲冥王出現的。

四十一、堅牢地神

堅牢地神是梵文"prthivi"的意譯，音譯爲"比裏底毗"，意爲此神有如大地之堅牢。堅牢地神又叫"地天""大地神女"。

"地天"的職責是保護土地及地上的一切植物，使其免受灾害。佛陀曾對其説："汝大神力，諸神少及。閻浮土地，悉蒙汝護乃至草木砂石，稻麻竹葦，穀米寶貝，從地而有，皆因汝力。……若未來世中……依《地藏本願經》一事修行者，如以本願力而擁護之，勿令一切灾害及不如意事，輒聞於耳。"堅牢地神的這些功能好像中國的後土娘娘，且兩位都是女性。在一些佛教繪畫中堅牢地神有時也是男性形象。

"地天"的另一大功勞就是曾替釋迦牟尼作證。佛教傳説，在佛祖與魔王辯論時，堅牢地神助了釋迦牟尼一臂之力，從而大敗魔王，成爲功名顯著，名副其實的護法神。

據《大日經疏》卷四載：釋迦牟尼初坐道場時，魔王唯恐釋迦牟尼得道後會使自己的勢力毀滅，於是率領魔軍、魔女向釋迦輪番進攻誘惑，軟硬兼施，但全都失敗。魔王終於惱羞成怒，對釋迦牟尼佛狂吼道："我所作之業，汝已爲證，汝之福業誰當爲證？"釋迦牟尼垂無畏手指地，表示自己的一切福業大地即可作證。

這時大地轟然震動，堅牢地神從地中涌出半個身子向佛陀頂禮致敬，并大聲唱言："我是證明！"魔王只好帶着部下灰溜溜地退走了，釋迦牟尼即得道成佛。

所謂魔王、魔軍、魔女等，是煩惱、困苦、女色等諸種干擾的象征，打退了魔王等的干擾和誘惑，才能得道成佛。傳説釋迦牟尼修煉時得到地神、樹神、天王諸神的護佑，只是爲了表明佛陀的不凡之處，透過這些各種神話傳説，可以看到歷史的真相。

圖版目録

圖版目錄

圖
版
目
録